反切表 （基本母音と基本子音の組み合わせ）

子音 ＼ 母音	ㅏ [a]	ㅑ [ja]	ㅓ [ɔ]	ㅕ [jɔ]	ㅗ [o]	ㅛ [jo]	ㅜ [u]	ㅠ [ju]	ㅡ [ɯ]	ㅣ [i]
ㄱ [k,g]	가	갸	거	겨	고	교	구	규	그	기
ㄴ [n]	나	냐	너	녀	노	뇨	누	뉴	느	니
ㄷ [t,d]	다	댜	더	뎌	도	됴	두	듀	드	디
ㄹ [r,l]	라	랴	러	려	로	료	루	류	르	리
ㅁ [m]	마	먀	머	며	모	묘	무	뮤	므	미
ㅂ [p,b]	바	뱌	버	벼	보	뵤	부	뷰	브	비
ㅅ [s]	사	샤	서	셔	소	쇼	수	슈	스	시
ㅇ 無音/[ŋ]	아	야	어	여	오	요	우	유	으	이
ㅈ [tʃ]	자	쟈	저	져	조	죠	주	쥬	즈	지
ㅊ [tʃʰ]	차	챠	처	쳐	초	쵸	추	츄	츠	치
ㅋ [kʰ]	카	캬	커	켜	코	쿄	쿠	큐	크	키
ㅌ [tʰ]	타	탸	터	텨	토	툐	투	튜	트	티
ㅍ [pʰ]	파	퍄	퍼	펴	포	표	푸	퓨	프	피
ㅎ [h]	하	햐	허	혀	호	효	후	휴	흐	히

子音 / 母音	ㄱ [k,g]	ㄴ [n]	ㄷ [t,d]	ㄹ [r,l]	ㅁ [m]	ㅂ [p,b]	ㅅ [s]	ㅇ 無音/[ŋ]	ㅈ [tʃ]	ㅊ [tʃʰ]	ㅋ [kʰ]	ㅌ [tʰ]	ㅍ [pʰ]	ㅎ [h]
ㅐ [ɛ]	개	내	대	래	매	배	새	애	재	채	캐	태	패	해
ㅔ [e]	게	네	데	레	메	베	세	에	제	체	케	테	페	헤
ㅒ [jɛ]	걔	냬	댸	럐	먜	뱨	섀	얘	쟤	챼	컈	턔	퍠	햬
ㅖ [je]	계	녜	뎨	례	몌	볘	셰	예	졔	쳬	켸	톄	폐	혜
ㅘ [wa]	과	놔	돠	롸	뫄	봐	솨	와	좌	촤	콰	톼	퐈	화
ㅙ [wɛ]	괘	놰	돼	뢔	뫠	봬	쇄	왜	좨	쵀	쾌	퇘	퐤	홰
ㅚ [we]	괴	뇌	되	뢰	뫼	뵈	쇠	외	죄	최	쾨	퇴	푀	회
ㅝ [wɔ]	궈	눠	둬	뤄	뭐	붜	숴	워	줘	춰	쿼	퉈	풔	훠
ㅞ [we]	궤	눼	뒈	뤠	뭬	붸	쉐	웨	줴	췌	퀘	퉤	풰	훼
ㅟ [wi]	귀	뉘	뒤	뤼	뮈	뷔	쉬	위	쥐	취	퀴	튀	퓌	휘
ㅢ [ɰi]	긔	늬	듸	릐	믜	븨	싀	의	즤	츼	킈	틔	픠	희

ここに出てくるハングルの組み合わせの中には、①実際に非常によく使われるもの、②まれに使われるもの、③ほとんど使われることがないもの、があります。
そのため上記の全ての文字を覚える必要はありませんが、よく出てくるものは学習を進める中で発音できるようにしていきましょう。

韓国語 I (’20)

永原　歩・生越直樹

韓国語Ⅰ('20)

©2020　永原　歩・生越直樹

装丁・ブックデザイン：畑中　猛

s-41

はじめに

　現在、日本では若い人から年輩の方々まで、様々な年齢層の人が韓国の文化に興味を持ち、韓国語の学習に取り組んでいます。ドラマや映画、K-POP と呼ばれる韓国の大衆音楽を楽しむだけでなく、インターネットや SNS（ソーシャルネットワーキングサービス）を通じた交流も盛んになっています。特に若い人たちの中にはこのような新しいメディアを通じて、同じ趣味を持った一般の韓国の同世代の友人たちと知り合い、お互いの興味や関心を分かち合う人も多いようです。

　しかしこのようにメディアが発達した時代でも、外国語の学習に必要なことは、以前とそれほど大きくは変わらないと思います。ある程度の年齢に達してから外国語を学習する場合に必要なのは、やはり正しい文法知識と語彙力です。赤ちゃんが周りの大人の言葉を聞いて身につけるようにはいかないのですね。「文法と語彙」というと、今まで英語などを学習してきた方は少し身構えてしまうかもしれません。でも文法というのは文（広い意味では語彙の形）をどのように組み立てるのか、という決まりであり、これを学ぶことによって、使いこなすことができる語学力を身につけることができるのです。

　幸いなことに韓国語は日本語と語順が大変よく似ている言語です。この部分に関してはほとんど新たに覚えることはないといってもいいでしょう。また日本と同じように漢字文化圏ですので、漢語の語彙も多く、そのような語彙の中には日本語と驚くほどよく似た音で発音されるものも多くあります。そのため韓国語は、普段日本語を使って生活している私たちにとって学びやすい（他の外国語に比べて）言語だと言えます。文字や発音、語彙や用言の活用などは、日本語と異なるので少し頑張らなければいけない部分ですが、テキストに沿って取り組めば少しずつ身につくと思います。

　この「韓国語Ⅰ」では、まず文字と発音から始めて、簡単な名詞文、動詞・形容詞文と疑問文、否定文などを学習します。その後過去形を学び、尊敬形や丁寧な依頼文などを学びます。またその間に必要な助詞や数字なども学習していきます。それぞれの課の構成は、第1課から第3課までは文字と発音を少しずつ説明し、練習問題を行いながら一通り学習します。第4課以降は、その課で学ぶ文法項目を確認し、説明、練習問題を行い、その後、その課全体で学んだことの確認として「会話」を練習します。さらに「まとめの練習」を行い、最後にはその課で学んだことをチェックしながら、再度理解できているかどうか確認することができます。

　繰り返し問題に取り組むことでその課で学んだことを理解できるようになると思いますが、1回の学習でその内容を全て覚えるのは非常に難しいと思います。完璧を目指さなくても大丈夫です。ただし毎日ほんの少しの時間でいいので学習したことを声に出しながら復習をしてみてください。また、韓国のドラマや歌などに関心がある方はぜひ学習した単語や文をその中に探してみて楽しんでみてください。楽しみながら少しずつ記憶を塗り重ねるように取り組むことが上達への近道です。決して楽な道ではありませんが「急がば回れ」と思い実践していただければ、この本が終わる頃には簡単な韓国語の文を作ったり、聞きとったりすることができるようになるでしょう。

　最後になりますが、この本を完成させる上で大変お世話になった編集者の濱本惠子さんに改めて感謝申し上げます。丁寧な校正と修正案をご提示頂いたおかげで無事出版にこぎつけることができました。放送では、ゲストの池玟京さん、尹聖樂さん、担当の黒岩浩幸さん、菅野優子さんに大変お世話になりました。皆様のご協力に感謝申し上げます。

　この本を通じて韓国語を学ぶ楽しさを少しでも多くの人に感じていただけますよう願っております。

2019年10月

永原歩、生越直樹

目次

印刷教材の使い方（凡例）

1．全体の構成

　全体で15課からなり、第1課から第3課までは文字と発音、第4課から第14課まではいろいろな表現を練習し、第15課はまとめの課になっています。巻末には練習問題の解答、単語・表現索引（韓日）、単語・表現リスト（日韓）をつけました。

2．課の構成

（1）この課で学ぶこと

　課で学ぶことを簡単にまとめてあります。学ぶ（学んだ）内容の確認に活用してください。

（2）表現

　まず、「○課の復習」で前の課で練習した表現を確認します。次に、新しい表現について、説明と例文で各表現の使い方を知った後、練習問題で練習します。

（3）会話

　練習した表現の使い方について、実際の会話を練習しながら学んでいきます。会話の文は、簡単な対話をいくつか示しています。各対話は関連したものではなく、それぞれ独立しています。対話の文を覚えやすくすることがねらいです。理解しやすいように、会話で注意する発音、会話の単語、会話訳を付しています。なお、会話で注意する発音は、最初の数課では、連音化も含め示していますが、途中からは発音規則や特別な発音の場合だけ示すようにしました。

　会話の文は実際の場面でも使えるような会話が多いので、少しずつで

も練習して覚えていってください。

（4）発音規則

　ある条件では、表記と発音が異なることがあります。それらの規則を少しずつ示しながら学んでいきます。

（5）単語の整理

　単語の学習の手助けになるよう、関連する単語をまとめて示しています。

（6）まとめの練習

　学んだ表現が覚えられているかを、最後にもう一度練習して確認します。

（7）最後のチェック

　どういう表現を学んだかを最後にチェックします。該当の表現がすぐに言えないときは、もう一度説明を見て確認してください。

3．コラム

　韓国語の特徴や学習する上で注意すべき点について、日本語との違いにも触れながら、簡単に説明しています。

4．記号

（1）韓国語の漢字語が日本語の漢語と共通している場合は、日本語訳に［　］をつけて表示しています。同じ単語が何度も出てくる場合は、各課で最初に出てくるときのみ［　］をつけています。ただし、「単語の整理」では、最初に出てきたか否かに関係なく、共通する場合は［　］をつけました。

　　교실 [教室]

（2）発音規則などで、発音が表記と異なる場合には、表記の後に［　］で発音を示しています。［　］内は、発音通りにハングルで記しています。

　　　학년 [항년] [学年]・〜年生

　なお、必要に応じて、発音記号を示す場合にも［　］を使用しています。

　　　구두 [kudu]

（3）｜注意｜　発音や表現で特に注意すべき点について説明しています。

（4）｜発音のポイント｜　発音で特に覚えておくべき点を示しています。

（5）◉はCDに収録されている項目を示しています。番号はトラック番号です。CDを活用して練習してください。

第 1 課　文字と発音（1）、あいさつ（1）

この課で学ぶこと

1. 韓国語とは
2. 文字のしくみ
3. 単母音　아・어・오・우・으・이・애・에
4. 重母音(1)：y系の重母音　야・여・요・유・얘・예
5. 子音(1)：平音(1)　ㄴ・ㄹ・ㅁ・ㅅ・ㅎ

1. 韓国語とは

　朝鮮半島で使われている言語の名称は、「韓国語」「朝鮮語」「コリア語」など、様々な名称で呼ばれています。このテキストで扱っている言葉は主にソウルを中心とした韓国（大韓民国）で使われている言葉ですので、「韓国語」と呼ぶことにします。

　韓国語は日本語とよく似た言語です。語順はほとんど同じですし、敬語もあります。文字さえしっかり覚えれば大変学びやすい言葉ですので、がんばって学習しましょう。

●文字について

　韓国語の文字は「ハングル（한글）」と呼ばれます。ちなみに北朝鮮（朝鮮民主主義人民共和国）では同じ文字を使いますが、朝鮮文字

（조선글）、我々の文字 (우리글) などと呼ばれています。ハングルは、朝鮮王朝第4代世宗（図参照）が臣下と共に1443年に作りました。そして、1446年文字に関する解説を付し

た『訓民正音 (훈민정음)』という本により世に頒布されました。世界史の授業で聞いたことがある方も多いのではないでしょうか。朝鮮半島では、それまではごく限られたエリート官僚が漢字を用いて文書などを書いていましたが、ハングルができたことによって、教育を受ける機会が少なかった庶民も読み書きを学びやすくなりました。

世宗（ユニフォトプレス）

2. 文字のしくみ

　ハングルは英語のアルファベット（ラテン文字）のように表音文字（音を表す文字）です。文字の部品（字母）を組み合わせて読みます。その組み合わせ方は、左右、上下などがあります。以下に例を挙げます。

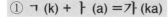 ① ㄱ (k) + ㅏ (a) ＝ 가 (ka)　　 ② ㄱ (k) + ㅜ (u) ＝ 구 (ku)

③ ㄱ (k)+ ㅘ (wa)= 과 (kwa)　　④ ㄱ (k) + ㅏ (a) + ㄴ (n) ＝ 간 (kan)

3. 単母音 ◉ 2

　単母音は8つあります。母音の文字は単独で書くことができません。母音を表記するときは、母音の文字の左や上に o という文字をつけて子音がゼロであること（つまり母音であること）を表します。

① 아 [a] ：日本語の「ア」と同じようにはっきり発音。

② 어 [ɔ] ：「아」と同じ口の形で「オ」と発音

③ 오 [o] ：口を丸くすぼめて「オ」と発音

④ 우 [u] ：口を丸くすぼめて「ウ」と発音

⑤ 으 [ɯ] ：日本語の「イ」と言うときの口の形で「ウ」と発音

⑥ 이 [i] ：日本語の「イ」をはっきり発音

⑦ 애 [ɛ] ：日本語の「エ」と同じように発音

⑧ 에 [e] ：日本語の「エ」と同じように発音

　⑦と⑧はもともと違う発音でしたが、現在の韓国の若い世代を中心にこの2つの音はほとんど区別されなくなってきています。

4. 重母音(1)：y 系の重母音 ◉ 2

　単母音の아・어・오・우・애・에にそれぞれ短い横棒や縦棒を追加すると y 系の重母音となり、日本語のヤ行の音に似た発音になります。

① 야 [ja] ：日本語の「ヤ」と同じように発音

② 여 [jɔ] ：「어」と同じ口の形で「ヨ」と発音

③ 요 [jo] ：「오」と同じ口の形で「ヨ」と発音

④ 유 [ju] ：「우」と同じ口の形で「ユ」と発音

⑤ 얘 [jɛ] ：短くイと発音してから「エ」

⑥ 예 [je] ：短くイと発音してから「エ」

練習1 ・・ ◎ **2**

次の語を読んで書いてみましょう。

① 子ども　　아이　　＿＿＿＿＿＿　　＿＿＿＿＿＿

②［牛乳］　　우유　　＿＿＿＿＿＿　　＿＿＿＿＿＿

③ きゅうり　오이　　＿＿＿＿＿＿　　＿＿＿＿＿＿

④ はい　　　예　　　＿＿＿＿＿＿　　＿＿＿＿＿＿

・・・

5. 子音 (1)：平音 (1)　　　　　　　　　　　　　　◎ **3**

子音の文字も単独では書くことができません。母音と合わせる場合
は、○の位置に子音を書きます。

子音には平音、激音、濃音という種類があり、まず、平音から練習し
ます。次の子音は日本語のナ行、ラ行、マ行、サ行、ハ行の子音に近い
音を表します。母音トと一緒に書くと以下の通りです。

① ㄴ　**나** [na]　：ナ
② ㄹ　**라** [ra]　：ラ
③ ㅁ　**마** [ma]　：マ
④ ㅅ　**사** [sa]　：サ
⑤ ㅎ　**하** [ha]　：ハ

注意

① 左右に書くときと上下に書くときで文字の形が微妙に違うときがあ
　ります。

　　나　ㄴ　（左右のときはカタカナのレに近いですが、上下のときはカ

ギ括弧に近くなります。)

② 시・샤・서・쇼・슈・새・세 の発音は、日本語のシ、シャなどと
同じ発音になります。

③ ㅒとㅖは子音と組み合わせて発音するとき、通常はそれぞれㅐ、ㅔ
と同じように発音します。

例) 계수 [계수 kesu] [係数]

練習2 .... ◉3

次の文字の読み方を考えて発音してみましょう。

① 노　② 시　③ 후　④ 묘　⑤ 내　⑥ 리　⑦ 헤　⑧ 러

練習3 .... ◉3

次の語を読んで書いてみましょう。

① 나라 国　_____　② 하루 一日　_____

③ 미소 微笑み　_____　④ 묘사 [描写]　_____

⑤ 소녀 [少女]　_____

あいさつ(1)　　　　　　　　　　　　　　　　◉4

　ここでは簡単な韓国語のあいさつや相づちなどを紹介します。まだ学
んでいない文字も少し含まれていますが、発音をまねして練習してみま
しょう。

① **네.**　　　はい

② **아니요.**　　いいえ

③ **여보세요.**　もしもし、すみません

④ **저기요.**　　あの、すみません（お店で店員さんを呼ぶときなど）

⑤ **그래요?**　　そうなのですか。

まとめの練習 ·· 🎵 **4**

次の語を読んで書いてみましょう。

① 어머니　母・お母さん　　　　② 노래　歌

＿＿＿＿＿＿＿＿＿　　　　　＿＿＿＿＿＿＿＿＿

③ 미래　[未来]　　　　　　　　④ 오후　[午後]

＿＿＿＿＿＿＿＿＿　　　　　＿＿＿＿＿＿＿＿＿

▶この課の内容を理解できていたらチェックしましょう。できてい
ない部分はもう一度テキストの該当部分に戻って確認してください。

　☐　韓国語の概要について

　☐　文字のしくみについて

　☐　単母音8つ

　☐　y系の重母音6つ

　☐　子音5つ

第❷課　文字と発音（2）、あいさつ（2）

この課で学ぶこと

1. 子音（2）：平音（2）　ㄱ・ㄷ・ㅂ・ㅈ
2. 子音（3）：激音　ㅋ・ㅌ・ㅍ・ㅊ
3. 子音（4）：濃音　ㄲ・ㄸ・ㅃ・ㅆ・ㅉ
4. 重母音（2）：w系の重母音　와・왜・외・워・웨・위・의

第1課の復習

　以下の語や短い文を発音してみましょう。　　　　　　　　　🎵5

① 누나 お姉さん・姉〈男性から見て〉　　② 나라 国　　③ 소리 音・声

④ 머리 頭・髪　　⑤ 하루 一日　　⑥ 네 はい　　⑦ 아니요 いいえ

1. 子音（2）：平音（2）　　　　　　　　　　　　　　　🎵6

　次の子音は、それぞれ日本語のカ行、タ行、パ行、チャ行と似た音で
発音します。ただし息を強く出さず静かに発音します。母音ㅏと一緒に
書くと以下の通りです。

① ㄱ　가 [ka, ga]　：カ、ガ
② ㄷ　다 [ta, da]　：タ、ダ
③ ㅂ　바 [pa, ba]　：パ、バ
④ ㅈ　자 [tʃa, dʒa]　：チャ、ジャ

注意　ㄷの発音

　②のㄷは、日本語のタ行と似た音ですが、母音の ㅣ[i]、ㅜ[u]、ㅡ[ɯ] と組み合わせると、それぞれ 디[ti]、두[tu]、드[tɯ] と発音され、日本語のタ行の音とは異なります。

◎ **有声音化**

　上の４つの子音は単語の最初では、濁らずにそれぞれ、[ka] [ta] [pa] [tʃa]と発音されますが、単語の２番目以降に出てくるときは濁って[ga] [da] [ba] [dʒa] という発音になります。これを「**有声音化**」といいます。

고기 [kogi] 肉

구두 [kudu] 靴

아버지 [abɔdʒi] 父・お父さん

練習1 ⦿ 6

次の語を読んで書いてみましょう。

① 가구 [家具]　＿＿＿＿＿　② 바다 海　＿＿＿＿＿

③ 아기 赤ちゃん　＿＿＿＿＿　④ 나비 蝶　＿＿＿＿＿

⑤ 어디 どこ　＿＿＿＿＿　⑥ 어제 昨日　＿＿＿＿＿

⑦ 무지개 虹　＿＿＿＿＿　⑧ 지도 [地図]　＿＿＿＿＿

2. 子音 (3)：激音　⦿ 7

　以下の子音はいずれも가・다・바・자の子音とよく似た音ですが、息を強く出しながら発音します。これらの音を「**激音**」と呼びます。母音ㅏと一緒に書くと以下の通りです。

① ㅋ **카** [kʰa] ：가を息を強く出しながら発音

② ㅌ **타** [tʰa] ：다を息を強く出しながら発音

③ ㅍ **파** [pʰa] ：바を息を強く出しながら発音

④ ㅊ **차** [tʃʰa] ：자を息を強く出しながら発音

注意 「激音」は語頭でも語中でも同じ音で発音されます。（有声音化しません。）

練習2 ………………………………………………………………… ●7

　次の語を読んで書いてみましょう。意味が空欄になっている部分は外来語ですので、発音から意味を考えてみましょう。

① 차 [車] ＿＿＿＿＿＿　　② 파티（　　　）＿＿＿＿＿

③ 커피（　　　）＿＿＿＿＿　　④ 투표 [投票] ＿＿＿＿＿

⑤ 고추 唐辛子 ＿＿＿＿＿　　⑥ 포도 ブドウ ＿＿＿＿＿

⑦ 케이크（　　　）＿＿＿＿＿　　⑧ 피자（　　　）＿＿＿＿＿

3. 子音(4)：濃音　　　　　　　　　　　　　　●8

　以下の文字は ㄱ・ㄷ・ㅂ・ㅅ・ㅈ を2つ合わせたものです。これらの音を「**濃音**」と呼びます。全部で5種類あります。母音 ㅏ と一緒に書くと以下の通りです。

　日本語では意識して発音しない音なので、難しく感じる人も多いと思います。聞いた感じとしては、日本語に例えると前に小さい「っ」が入ったように聞こえると思います。発音するときは喉の奥の方でこっそり「ん」と言ってから、それぞれ「カ」「タ」「パ」「サ」というよう

なイメージで発音すると発音しやすいと思います。ただし、息を強く出さないようにしてください。何度も聞いて発音してみましょう。

① ㄲ **까** [ˀka] ：ッカ

② ㄸ **따** [ˀta] ：ッタ

③ ㅃ **빼** [ˀpa] ：ッパ

④ ㅆ **싸** [ˀsa] ：ッサ

⑤ ㅉ **짜** [ˀtʃa] ：ッチャ

[注意] 「濃音」は語頭でも語中でも同じ音で発音されます。（有声音化しません。）

[練習3] ⋯⋯⋯⋯⋯⋯⋯⋯⋯⋯⋯⋯⋯⋯⋯⋯⋯⋯⋯⋯⋯⋯⋯⋯ ◉8

次の発音を比べながら発音してみましょう。

① 가카까　② 도토또　③ 비피삐　④ 서써　⑤ 주추쭈

[練習4] ⋯⋯⋯⋯⋯⋯⋯⋯⋯⋯⋯⋯⋯⋯⋯⋯⋯⋯⋯⋯⋯⋯⋯⋯ ◉8

次の語を読んで書いてみましょう。

① 찌개 チゲ ＿＿＿＿＿＿　② 예쁘다 かわいい ＿＿＿＿＿＿

③ 오빠 兄・お兄さん〈女性から見て〉 ＿＿＿＿＿＿

④ 바빠요 忙しいです ＿＿＿＿＿＿　⑤ 쓰다 書く ＿＿＿＿＿＿

⑥ 쓰레기 ゴミ ＿＿＿＿＿＿

⑦ 비싸요〈値段が〉高いです ＿＿＿＿＿＿

4. 重母音 (2)：w系の重母音　　　　　　　　　　　🎵 9

　日本語のワ行の音に似た発音ですが、唇を小さく丸めた状態から発音します。全部で7つありますが、② ③ ⑤は現在ではほぼ同じ音で発音されます。

① **와**：오+아　[wa]　　日本語の「ワ」とほぼ同じ音

② **왜**：오+애　[wɛ]　　唇を小さく丸めて「ウェ」

③ **외**：오+이　[we]*　唇を小さく丸めて「ウェ」＊[oi] ではないので注意

④ **워**：우+어　[wɔ]　　唇を小さく丸めて「ウォ」

⑤ **웨**：우+에　[we]　　唇を小さく丸めて「ウェ」

⑥ **위**：우+이　[wi]　　唇を小さく丸めて「ウィ」

⑦ **의**：으+이　[ɯi]　　口を横に平たくして一瞬で「ウイ」と言うように発音

　　　　　　

|注意|

1) 의の発音　⑦の의は、語頭と語中で、また子音と結びついた場合も異なる音で発音されます。

　　　의사 [医師]　　　語頭は文字通りの発音 [**의**사]

　　　주의 [注意]　　　語頭以外では이の発音 [주**이**]

　　　희다 白い　　　　子音と結びつくと이の発音 [**히**다]

2) 쉬の発音はシュイという発音になります。

|練習 5| ⋯⋯⋯⋯⋯⋯⋯⋯⋯⋯⋯⋯⋯⋯⋯⋯⋯⋯⋯⋯⋯⋯⋯⋯⋯⋯⋯ 🎵 9

　次の文字を発音してみましょう。

① 과　　② 되　　③ 뉘　　④ 뭐　　⑤ 죄　　⑥ 쉬

練習6 ··· 🎧 9

次の語を読んで書いてみましょう。

① 사과 りんご ＿＿＿＿＿＿　② 회사 [会社] ＿＿＿＿＿＿

③ 과자 [菓子] ＿＿＿＿＿＿　④ 뭐예요？何ですか ＿＿＿＿＿＿

⑤ 회화 [会話] ＿＿＿＿＿＿　⑥ 가위 はさみ ＿＿＿＿＿＿

⑦ 돼지 豚 ＿＿＿＿＿＿

あいさつ(2)　🎧 10

第1課に続いてまた簡単な韓国語のあいさつを紹介します。まだ学んでいない文字の組み合わせもありますが、発音を聞いて練習してみましょう。

① **고마워요.**　ありがとう。（同世代の知人、目下の人に）

② **감사합니다.**　ありがとうございます。

③ **안녕하세요?**　こんにちは（おはようございます、こんばんは）。

④ **괜찮아요.**　大丈夫です。

⑤ **안녕히 가세요/계세요.**　さようなら。（行く人には가세요、残る人には계세요を使う）

まとめの練習 ⋯⋯⋯⋯⋯⋯⋯⋯⋯⋯⋯⋯⋯⋯⋯⋯ 💿 11

　次の文を読んでから書いてみましょう。発音に慣れるためなので文法等は気にしないで発音してみましょう。

① 회사에 가요. 会社に行きます。

＿＿＿＿＿＿＿＿＿＿＿＿＿＿＿＿＿＿＿＿＿＿＿＿＿＿＿＿＿

② 또 와요. また来てね。

＿＿＿＿＿＿＿＿＿＿＿＿＿＿＿＿＿＿＿＿＿＿＿＿＿＿＿＿＿

③ 도와 주세요. 手伝ってください。

＿＿＿＿＿＿＿＿＿＿＿＿＿＿＿＿＿＿＿＿＿＿＿＿＿＿＿＿＿

④ 바꿔 주세요. 取り替えてください。

＿＿＿＿＿＿＿＿＿＿＿＿＿＿＿＿＿＿＿＿＿＿＿＿＿＿＿＿＿

⑤ 커피 하나 주세요. コーヒー１つください。

＿＿＿＿＿＿＿＿＿＿＿＿＿＿＿＿＿＿＿＿＿＿＿＿＿＿＿＿＿

▶この課の内容を理解できていたらチェックしましょう。できていない部分はもう一度テキストの該当部分に戻って確認してください。

☐　子音：平音４つ

☐　子音：激音４つ

☐　子音：濃音５つ

☐　ｗ系の重母音７つ

コラム

韓国語の発音について

　韓国語の発音には、日本語にはない音がいくつかあります。日本語の母音は「アイウエオ」の５つですが、韓国語は日本語の「オ」に対して「어」「오」、「ウ」に対して「우」「으」と似た発音が２つずつあります。子音でも、たとえば日本語の「カ」と近い音が「가」「카」「까」と３つあり学習を始めたばかりの方にとってはとても難しいと思います。このように韓国語は母音も子音も日本語より多く、日本語の基準で考えると似たような発音がいくつかあります。そのため、日本語を母語とする人が韓国語を学ぼうとすると最初は発音が大変かもしれません。では発音を習得するためにはどうしたらいいのでしょうか。まずはとにかくたくさんまねをしてみることです。最初はネイティブスピーカーと同じように発音できないかもしれませんが、日本語とは違う、あるいは日本語にはない音がある、ということを「意識」して発音を練習しましょう。そしてもし可能なら教師やネイティブスピーカーに発音を聞いてもらい、合っているか確認してもらうとなおいいと思います。それが難しい場合は CD などの音源を活用してください。地道な練習が必要ですが発音練習を多く行うと覚えるのも早くなり、聞きとる力もついてきます。ぜひ挑戦してみてください。

第 ③ 課　文字と発音（3）、日本語転写表記

この課で学ぶこと

1. パッチム（終声）の発音　　산・말・감・강・국・곧・입
2. 連音化　　단어・한국어・맛있어요・종이
3. 日本語の転写表記

第2課の復習　　🔘 12

以下の語や短い文を発音してみましょう。

① 더워요　暑いです　　② 지구 [地球]
③ 후추　胡椒　　④ 파도　波
⑤ 예뻐요　かわいいです　　⑥ 사회 [社会]

1. パッチム（終声）の発音　　🔘 13

　ハングルには、第2課までに登場した子音（あるいは○）と母音を左右、上下に組み合わせる以外に、その組み合わせの下にさらに子音を組み合わせることがあります。その子音のことを「パッチム（終声）」と呼びます。英語には似た発音がありますが、日本語にはほとんどない発音です。最初は戸惑うと思いますが、音をよく聞いて発音してみましょう。全部で7種類の音があります。例となる語彙を発音しながら確認してみましょう。

音と文字の種類 *	例		発音の仕方
ㄴ	산 [san] [山]	사 + ㄴ	ㄴは「ヌ」と発音するときの舌の位置で「ン」と言うように発音を止めます。
ㄹ	말 [mal] （言葉）	마 + ㄹ	ㄹは舌をしっかり上あご（口蓋）につけて「ル」と言う要領で発音します。英語の l（エル）よりも強く舌をつけるイメージです。
ㅁ	감 [kam] （柿）	가 + ㅁ	ㅁは「ム」と発音するように口を閉じ、閉じたまま口を開かずに発音します。英語のmの発音とほぼ同じです。
ㅇ	강 [kaŋ] （川）	가 + ㅇ	口を開けたまま鼻歌を歌うときの要領で鼻から「ン」と発音します。
ㄱ (ㄲ,ㅋ)	국 [kuᵏ] （スープ）	구 + ㄱ	「クック」と発音する要領で2つ目「ク」の音を出す直前で止めます。口の奥でかすかに「ク」と言うようなイメージです。
ㄷ (ㅅ,ㅈ, ㅊ,ㅌ, ㅎ,ㅆ)	곧 [koᵗ] （すぐ）	고 + ㄷ	「コット」と発音するような舌の位置で、「ト」という音を出す直前で止めます。
ㅂ (ㅍ)	입 [iᵖ] （口）	이 + ㅂ	「イップ」と発音するように口を閉じ、「プ」の音を出す直前で止めます。口は閉じたままになります。

＊括弧内で示されている文字はパッチムとして発音する場合、左の文字と同じ発音になります。

　慣れるまではすぐ発音するのが難しいと思います。すぐに読めないときは上の組み合わせとパッチムを分けて音を考えると読みやすいでしょう。

　例）감　가とㅁに分けて発音を確認する→ [kam]

練習1 ·· ⦿ **13**

次の語を読んで書いてみましょう。

① 미국 アメリカ ＿＿＿＿＿　　② 옷 服 ＿＿＿＿＿

③ 밥 ご飯 ＿＿＿＿＿　　④ 김치 キムチ ＿＿＿＿＿

⑤ 창문 窓 ＿＿＿＿＿　　⑥ 서울 ソウル ＿＿＿＿＿

⑦ 선생님 先生 ＿＿＿＿＿　　⑧ 받침 パッチム ＿＿＿＿＿

◎**パッチムに続く子音 ㄱ・ㄷ・ㅂ・ㅅ・ㅈ の発音**

① パッチム ㄱ(ㄲ・ㅋ)、 ㄷ(ㅅ・ㅆ・ㅈ・ㅊ・ㅌ・ㅎ・ㅆ)、 ㅂ (ㅍ) の後ろに ㄱ・ㄷ・ㅂ・ㅅ・ㅈ が続くと、後ろの音が濃音 ㄲ・ㄸ・ㅃ・ㅆ・ㅉ で発音されます。

　例）학교 [学校] → [학꾜]　　있다 いる・ある → [읻따]

② パッチム ㄴ・ㄹ・ㅁ・ㅇ の後ろに ㄱ・ㄷ・ㅂ・ㅈ が続くと、これらの音は基本的に有声音化（濁る音になること→2-1参照）します。（ただし、複合語や漢字が元になっている語はこのルールに当てはまらない場合がある）

　例）일본 [日本]　　한국 [韓国]

発音のポイント ㄱ・ㄷ・ㅂ・ㅈ は母音の後かパッチム ㄴ・ㄹ・ㅁ・ㅇ の後で，有声音化します。

練習2 .... 🔘 **14**

次の語を読んで書いてみましょう。

① 젓가락 箸 _____　　② 학생 [学生] _____

③ 한글 ハングル _____　　④ 감기 風邪 _____

⑤ 딸기 イチゴ _____

....

2. 連音化 🔘 **15**

① パッチムの次が母音で始まるとき、パッチムと次の母音が合わさっ
て発音されます。この現象を「連音化」と言います。パッチムが連音
化するときは、通常の子音そのままの音で発音されます。

　例) 단어 [単語] → [다너]
　　　음악 [音楽] → [으막]

② パッチムがㄱ・ㄷ・ㅂのときは連音化と同時に有声音化もします。

　例) 한국어 [韓国語] [한구거]　　입어요 着ます [이버요]

③ パッチムの文字がㅋ・ㄲ・ㅌ・ㅅ・ㅆ・ㅈ・ㅊ・ㅍのときは、連音化する
と文字通りの音で発音されます。(パッチム単独での発音と、連音化
したときの音が違うので注意!)

　例) 맛 味 [맏]　　맛있어요 おいしいです [마시써요]
　　　꽃 花 [꼳]　　꽃이에요 花です [꼬치에요]

④ パッチムがㅇのときは連音化しないでそのまま発音します。

　例) 종이 紙

練習3 ·· 15

次の語句を読んで書いてみましょう。

① 일요일 [日曜日] ＿＿＿＿＿　　② 고양이 猫 ＿＿＿＿＿

③ 일본어 [日本語] ＿＿＿＿＿　　④ 미국에 アメリカに ＿＿＿＿＿

⑤ 초콜릿을 チョコレートを ＿＿＿＿＿

3. 日本語の転写表記

　英語を書くときに日本の地名や人名などをローマ字で表記するように、韓国語の文を書く際にも日本の地名や人名などはハングルで転写表記します。基本的には右の転写表に従って表記しますが、気をつけなければならない点がいくつかあります。以下の点に気をつけて日本の地名や人名などをハングルで書いてみましょう。

① 母音の「あいうえお」は、ㅏ・ㅣ・ㅜ・ㅔ・ㅗの音で書きます。ただし、「う」は「す、つ、ず（づ）」の場合のみ、ㅡを使います。

② カ行やタ行の音は語頭では平音、語頭以外では激音で書きます。これ以外の音は、どこでも同じ音で書きます。
　　다카하시　高橋　　　야마가타　山形

③ ウ段やオ段の母音の長音は書いても書かなくてもどちらでもいいですが、地名などでは書かないことが多いです。
　　도쿄　東京　　　오이타　大分

④ 日本語の「つ、ざ、ず、ぜ、ぞ」や語頭の濁音は、韓国語にはない
音なので近い音を当てます。

　　쓰키지　築地　　　기후　岐阜

⑤ 撥音の「ん」はパッチムのㄴを、促音の「っ」はパッチムのㅅを当
てます。促音の後に清音が続くとき，清音は激音で書きます。

　　신바시　新橋　　　돗토리　鳥取

あ	い	う	え	お
아	이	우	에	오

や		ゆ		よ
야		유		요

	か	き	く	け	こ
語頭	가	기	구	게	고
語頭以外	카	키	쿠	케	코

ら	り	る	れ	ろ
라	리	루	레	로

さ	し	す	せ	そ
사	시	스	세	소

わ	を	ん	っ
와	오	ㄴ	ㅅ

	た	ち	つ	て	と
語頭	다	지	쓰	데	도
語頭以外	타	치	쓰	테	토

が	ぎ	ぐ	げ	ご
가	기	구	게	고

ざ	じ	ず	ぜ	ぞ
자	지	즈	제	조

な	に	ぬ	ね	の
나	니	누	네	노

だ	ぢ	づ	で	ど
다	지	즈	데	도

は	ひ	ふ	へ	ほ
하	히	후	헤	호

ば	び	ぶ	べ	ぼ
바	비	부	베	보

ま	み	む	め	も
마	미	무	메	모

ぱ	ぴ	ぷ	ぺ	ぽ
파	피	푸	페	포

	きゃ		きゅ		きょ
語頭	갸		규		교
語頭以外	꺄		뀨		꾜

	ぎゃ		ぎゅ		ぎょ
	갸		규		교

	しゃ		しゅ		しょ
	샤		슈		쇼

	じゃ		じゅ		じょ
	자		주		조

	ちゃ		ちゅ		ちょ
語頭	자		주		조
語頭以外	차		추		초

にゃ		にゅ		にょ
냐		뉴		뇨

ひゃ		ひゅ		ひょ
햐		휴		효

びゃ		びゅ		びょ
뱌		뷰		뵤

ぴゃ		ぴゅ		ぴょ
퍄		퓨		표

みゃ		みゅ		みょ
먀		뮤		묘

りゃ		りゅ		りょ
랴		류		료

練習4

次の日本の地名、人名をハングルで書いてみましょう。

① 山崎 _____　　② 田中 _____　　③ 太郎 _____

④ 神奈川 _____　　⑤ 新宿 _____　　⑥ 大阪 _____

⑦ 札幌 _____　　⑧ 新神戸 _____

まとめの練習　🔘16

1　次の文を読んでから書いてみましょう。発音に慣れるためなので文法等は気にしないで発音してみましょう。

① 한국에 가요. 韓国に行きます。

② 옷을 입어요. 服を着ます。

_____

③ 사랑해요. 愛しています。

_____

④ 맛있어요. おいしいです。

_____

⑤ 밥을 먹어요. ご飯を食べます。

_____

2　次のハングルは日本の地名を表しています。どこの地名か，読んで
当ててみましょう。

① 오키나와 _____　　② 이바라키 _____

③ 홋카이도 _____　　④ 교토 _____

⑤ 미야자키 _____

▶この課の内容を理解できていたらチェックしましょう。できてい
ない部分はもう一度テキストの該当部分に戻って確認してください。

☐　パッチムの発音
☐　連音化
☐　日本語の転写表記

❉❉❉❉❉❉❉❉❉❉❉❉❉❉❉❉❉❉

第 ④ 課　　名詞文、助詞（1）

❉❉❉❉❉❉❉❉❉❉❉❉❉❉❉❉❉❉

この課で学ぶこと

1. ○○ですか。＝○○입니까？　사토 씨입니까？　佐藤さんですか。

2. ○○です。＝○○입니다.　학생입니다.　[学生]です。

3. ○○は＝○○는/은　저는 학생입니다.　私は学生です。

4. もうひとつの「です」「ですか」

第3課の復習　　　　　　　　　　　　🔘 17

　次の韓国語を発音してみましょう。また日本語で書かれた地名をハングルで書いてみましょう。

① 일본어 [日本語]　　　　　② 병원 [病院]

③ 발음 [発音]　　　　　　　④ 선생님　先生

⑤ 안녕하세요　こんにちは　⑥ 横浜　＿＿＿＿＿

⑦ 福岡　＿＿＿＿＿　　　　⑧ 仙台　＿＿＿＿＿

1. ○○ですか。＝○○입니까？

　名詞などの後に입니까？をつけて、日本語の「ですか」と同じように使うことができます。韓国語では疑問文を書くときには？（クエスチョンマーク）を最後につけます。前の語がパッチムで終わるときは連音化して発音されるので注意してください。

発音のポイント　입니까は [임니까] と発音します。（→ p.41 ★発音規則
（1）**鼻音化**（1）参照）

　例）사토 씨**입니까?**　　　　　佐藤さんですか。

　　　오늘 금요일**입니까?***　　今日、[金曜日]ですか。

　　　얼마**입니까?**　　　　　　いくらですか。

　　*금요일입니까?は連音化して [그묘이림니까] と発音します。

練習1 ……………………………………………………………… 🎵 **18**

　次の語に입니까をつけて「～ですか」という文を作ってみましょう。

① 토요일 [土曜日]

② 어디　どこ

③ 다나카 선생님　田中先生

2. ○○です。＝○○입니다.

　입니까と似ていますが、입니다は「です」という意味です。発音は
[임니다] となります。

　例）다나카**입니다.**　　　　　　田中です。

　　　토요일**입니다.**　　　　　　土曜日です。

　　　1000 (천) 원**입니다.** [처눠님니다]　1000ウォンです。

練習2 ……………………………………………………………… 🎵 **18**

　次の語に입니다をつけて「～です」という文を作ってみましょう。

① 우리 학교　私たちの[学校]

② 내 모자　私の[帽子]

3. ○○は＝○○는/은

　最後にパッチムがない語の後には는、パッチムがある語の後には은が
ついて、「～は」という助詞を表します。日本語と違い、前にくる語の
末尾の音によって形が変わるので気をつけましょう。また、은のとき
は連音化に注意してください。

| パッチムなし | 는 | 저는 私は
학교는 学校は |
| パッチムあり | 은 | 오늘은 [오느른] 今日は
학생은 学生は |

　例）저는 다나카입니다.　　　私は田中です。

　　　오늘은 토요일입니까?　　今日は土曜日ですか。

練習3 ·· ◉ 19

　次の語を使って「～は～です」「～は～ですか」という文を作って
みましょう。

① 사토 씨/선생님 （佐藤さんは先生ですか）

② 오늘 / 토요일 （今日は土曜日です）

③ 화장실 / 어디 （トイレはどこですか）

··

4. もうひとつの「です」「ですか」

　韓国語には、입니다、입니까以外にも「です」「ですか」という言い方があります。예요/이에요という形で、会話でよく使われるやわらかい印象の語尾です。예요と이에요は「です」「ですか」両方の意味で使われ、イントネーションで区別します。書くときには、疑問文には「？」をつけます。

　この2つの形の使い分けは、前にくる語の最後にパッチムがあるかどうかで決まり、以下のように使い分けます。이에요のときは、連音化に注意しましょう。

パッチムなし	예요	다나카 씨**예요**.　田中さんです 다나카 씨**예요**?　田中さんですか
パッチムあり	이에요	회사원**이에요** [회사원니에요]. 　　　　　　　　　　　[会社員] です 회사원**이에요** [회사원니에요]? 　　　　　　　　　　会社員ですか

　[発音のポイント]　예요は実際は [에요] と発音されます。

　[練習4]　・・・ 🎧**20**

　次の語には 예요/이에요 のどちらがつきますか？　よく考えて「～です」「～ですか」の文を作ってみましょう。

① 어디 （どこですか）

② 1000 (천) 원 （1000ウォンです）

③ 선생님 （先生ですか）

・・

第4課 会話 **21**

次の会話を何度も発音してみましょう。また意味を確認しましょう。

① A: 다나카 씨는 회사원입니까?
　 B: 네, 회사원입니다.

② A: 오늘은 일요일이에요?
　 B: 아니요, 월요일이에요.

③ A: 학교는 어디입니까?
　 B: 미나미대학교입니다.

④ A: 그것은 무엇입니까?
　 B: 한국 과자입니다.

⑤ A: 시험은 언제예요?
　 B: 수요일이에요.

会話で注意する発音 **21**

① 회사원입니까 [회사워님니까]、회사원입니다 [회사워님니다]

② 오늘은 [오느른]、일요일이에요 [이료이리에요]、월요일이에요 [워료이리에요]

④ 그것은 [그거슨]、무엇입니까 [무어심니까]

⑤ 시험은 [시허믄]、언제예요 [언제에요]、수요일이에요 [수요이리에요]

会話の単語

① ～씨：～さん、 회사원：会社員、 네：はい

② 오늘：今日、 일요일：[日曜日]、 아니요：いいえ、 월요일：[月曜日]

③ 학교：学校、 어디：どこ、 대학교：大学

④ 그것：それ、 무엇：何、 한국：[韓国]、 과자：[菓子]

⑤ 시험：[試験]、 언제：いつ、 수요일：[水曜日]

会話訳

① A: 田中さんは会社員ですか。　　B: はい、会社員です。

② A: 今日は日曜日ですか。　　B: いいえ、月曜日です。

③ A: 学校はどこですか。　　B: 南大学です。

④ A: それは何ですか。　　B: 韓国のお菓子です。

⑤ A: 試験はいつですか。　　B: 水曜日です。

★発音規則　（1）鼻音化(1)　　　　　⦿ 22

　입니다は表記通りに発音せず、[임니다]と発音します。このように韓国語では表記と発音が異なる場合があります。規則的に表記と発音の違いが起きる場合を発音規則と呼びます。

　パッチムㄱ・ㄷ・ㅂ（またはそれらと音が同じパッチム）の後にㄴで始まる音が続くとき、ㄱ・ㄷ・ㅂはそれぞれㅇ・ㄴ・ㅁで発音されるという決まりがあり、これを「鼻音化」と言います。

```
パッチムㄱ┐      → パッチム[ㅇ]┐
パッチムㄷ├ + ㄴ → パッチム[ㄴ]├ + ㄴ
パッチムㅂ┘      → パッチム[ㅁ]┘
```

　例）학년 [**항**년]　[学年]　　옛날[**옌**날]　昔　　입니다 [**임**니다]　～です

★単語の整理　　　　　　　　　　　　　　　　　　🅒 23

1. 曜日を表す語

월요일	화요일	수요일	목요일	금요일	토요일	일요일
[月曜日]	[火曜日]	[水曜日]	[木曜日]	[金曜日]	[土曜日]	[日曜日]

2. 指示詞

이	그	저
この	その	あの

이것	그것	저것
これ	それ	あれ

3. 「はい」と「いいえ」

　「はい」は 네、 「いいえ」は 아니요

まとめの練習 ·········· ◉24

1 次の語句を使って日本語に合う文を作ってみましょう。입니다/입니까
を使うこと。

① 야마다 씨　山田さんです。

_____

② 일요일　日曜日です。

_____

③ 어디　どこですか。

_____

④ 무엇　何ですか。

_____

⑤ 언제　いつですか。

_____

2 次の語句を使って日本語に合う文を作ってみましょう。예요/이에요
を使うこと。

① 야마다 씨/학생　山田さんは学生です。

_____

② 오늘/일요일　今日は日曜日です。

_____

③ 학교/어디　学校はどこですか。

_____

④ 이것/과자　これはお菓子ですか。

_____

⑤ 시험/언제　　　　　試験はいつですか。

_____

3　次の日本語を韓国語に直してみましょう。指定がない場合は文末は
　　입니다/입니까、예요/이에요のいずれでもよいこととします。

① 山田さんは会社員ですか。（입니까を使って）

_____

② 今日は土曜日です。（입니다を使って）

_____

③ 田中さんは学生ですか。（예요/이에요を使って）

_____

④ 公園 (공원) はどこですか。

_____

⑤ 私 (저) は会社員です。

_____

▶この課の内容を理解できていたらチェックしましょう。できてい
ない部分はもう一度テキストの該当部分に戻って確認してください。

☐　「〇〇ですか」の表現
☐　「〇〇です」の表現
☐　「〇〇は」の表現
☐　もうひとつの「〇〇です（か）」の表現

「이・그・저」と「この・その・あの」

　韓国語の이は「この」、그は「その」、저は「あの」が訳として
は対応しますが、実際に使う際には少し違いがあります。日本語
では一般的に自分の近くにあるものは「この」、相手の近くにあり
自分からは少し遠くのものや、自分だけ知っていて相手が知らな
いことについて話す場合には「その」、遠くにあるものや、自分も
相手も知っていることについて話す場合は「あの」を使いますよ
ね。しかし韓国語では、이は日本語の「この」とほぼ同じように
使いますが、그は相手の近くにある場合か、見えないものや事柄
で自分も相手も知っていることについて言う場合に使います。こ
の用法は日本語と少し違うので注意が必要です。저は、普通その
場で遠くに見えているものにしか使いません。日本語の「あの」
が見えていない人やものについて言えるのとは用法が異なります
ね。たとえば以下のような場合は日本語の「あの」に対して韓国
語は그になります。

　ねえ、昨日一緒にいたあの人誰？もしかして彼？
　야 , 어제 같이 있던 그 사람 누구야 ? 혹시 남자친구 ?

　そういえば、先週話したあのことどうなりましたか。
　참 , 지난주 이야기한 그 일 어떻게 됐어요 ?

　同じように、「이것・그것・저것（これ・それ・あれ）」や「여기・
거기・저기（ここ・そこ・あそこ）」も韓国語と日本語で用法が少
し異なるので注意が必要です。

第 ⑤ 課　存在詞の文、漢語系数詞（1）、助詞（2）

この課で学ぶこと

1. います（か）・あります（か）＝있습니다（있습니까）

　사토 씨 있습니까?　佐藤さん、いますか。

　いません（か）・ありません（か）＝없습니다（없습니까）

　아무도 없습니다.　誰もいません。

2. ○○が＝○○가/이 ┐
3. ○○に＝○○에　　┘우체국 앞에 은행이 있습니다.

　　　　　　　　　　郵便局の前に[銀行]があります。

4. 漢語系数詞（1）

第4課の復習　　　　　　　　　　　　　　　🔴 25

　次の日本語を韓国語に直しましょう。

① 私は学生です。（입니다を使って）

② 今日は日曜日ですか。（입니까を使って）

③ 学校はどこですか。（예요 / 이에요を使って）

1. います（か）・あります（か）＝있습니다（있습니까）

　いません（か）・ありません（か）＝없습니다（없습니까）

　日本語は主語が生物か物かによって、「いる」「ある」と別の語を使いますが、韓国語は一つの語で生物・物、両方の存在を表すことができます。「います（か）・あります（か）」「いません（か）・ありません（か）」に

当たる表現は、以下のようになります。

있습니다 [이씀니다]	います・あります
있습니까 [이씀니까]	いますか・ありますか
없습니다 [업씀니다]	いません・ありません
없습니까 [업씀니까]	いませんか・ありませんか

例) 다나카 씨 있습니까?　田中さん、いますか。

　　네, 있습니다.　はい、います。

　　수업은 없습니까?　[授業]はありませんか。

　　네, 없습니다.　はい、ありません。

2. ○○が＝○○가/이

　日本語の「が」に当たる助詞は、가/이です。最後にパッチムがない語の後には가、パッチムがある語の後には이がつきます。第4課で学んだ「～は」と同様に、前に来る語の末尾の音によって助詞の形が変わるので気をつけましょう。이の場合は連音化にも注意してください。

パッチムなし	가	학교**가** [学校] が 다나카 씨**가**　田中さんが
パッチムあり	이	학생**이** [学生] が 화장실**이** [화장시리] トイレが

例) 학교**가** 있습니다.　　　学校があります。

　　다나카 씨**가** 있습니까?　田中さんがいますか。

　　화장실**이** 어디입니까?　トイレはどこですか。

注意　最後の例のように、疑問詞の疑問文などでは日本語では「は」になる部分を가／이で表すことがあります。最初の話題として投げかける質問などでは特にこのような使い方をします。日本語と異なる部分なので気をつけましょう。

例）이름이 무엇입니까?　名前は何ですか。

　　은행이 어디예요?　　銀行はどこですか。

練習1 ·· ● **26**

例のように、次の語を使って있습니다(까)、없습니다(까)を補い日本語の意味に合う文を作ってみましょう。

例）오늘/수업（今日は授業があります。）→ 오늘은 수업이 있습니다.

① 여동생（妹がいます。）

② 시험/언제（[試験] はいつありますか。）

③ 오늘/회의 [회이]（今日は [会議] がありません）

3. 〇〇に＝〇〇에

日本語の「～に」に対応する助詞は에です。에は前の語のパッチムの有無に関係なく、常に同じ形を使います。日本語の「～に」と同じように時間や場所を表す語につきます。

例）학교 앞에 은행이 있습니다.　　学校の前に銀行があります。

　　교실에 학생은 없습니다.　　　[教室] に学生はいません。

　　월요일에 수업이 있습니다.　　[月曜日] に授業があります。

注意　「学校の前」の「前」のように位置を表す語の前に来る「～の」は韓国語では助詞をつけずに「학교 앞」とします。

練習2 ·· 🎧 **26**

　例のように、次の語と있습니다を使って「〜に〜がいます・あります」という文を作ってみましょう。

　例）학교/앞/은행（学校の前に銀行があります）

→ 학교 앞에 은행이 있습니다.

① 학교/옆/우체국（学校の隣に郵便局があります）

② 교실/안/학생（教室の中に学生がいます）

③ 수요일/회의（[水曜日] に会議があります）

··

4. 漢語系数詞（1）　🎧 **27**

　日本語に「いち・に・さん」という漢語系の数詞と「ひい・ふう・みい」という大和言葉の数詞があるように、韓国語にも漢語系の数詞と韓国固有の言葉に由来する数詞があります。この課では中国語が元になっている漢語系数詞について学びます。どちらも中国語が元になっているので、日本語の漢語系数詞と音が似ているものも多くあります。

一	二	三	四	五	六	七	八	九	十
일	**이**	**삼**	**사**	**오**	**육**	**칠**	**팔**	**구**	**십**

百	千	万	億
백	**천**	**만**	**억**

　십（10）まで数えたら、そのあとも日本語と全く同じように십일（十一）、십이（十二）、십삼（十三）…のように数えます。20は이십、30は삼십、99は구십구です。もしわからなくなったら「九十九」のように数字を漢字で書いてみると1対1で対応するのでわかりやすいでしょう。99以降は백（百）、백일、백이… 구백구십구（999）で、次は천（千）です。

　1989　천구백팔십구　　2020　이천이십　　89500　팔만구천오백

注意　「1万」は日本語では「1」をつけますが、韓国語では万だけで表します。13000 は만삼천です。なお백、천は「1」をつけず、억は日本語と同じ「1」をつけます。

発音のポイント　십육 (16) や천육백 (1600) など십、백、천、만に続く육は [뉵] と発音されます。

십육 [심뉵]　　천육백 [천뉵빽]

練習3 ……………………………………………………………………… ● 27

次の数字をハングルで書いて発音してみましょう。

① 32 _____　② 105 _____　③ 541 _____

④ 2686 _____　⑤ 3750 _____　⑥ 84920 _____

●광화문 (光化門)　（ユニフォトプレス）

ソウル中心にある王宮、경복궁（景福宮）の城門の遺構。周辺は官公庁やオフィス、大使館などが多く立ち並ぶ。경복궁の裏手には大統領官邸である청와대(青瓦台)がある。

第5課　会話

● 28

　次の会話を何度も発音してみましょう。また意味を確認しましょう。

① A: 역 근처에 우체국이 있습니까?
　 B: 네, 저 은행 뒤에 있습니다.

② A: 편의점이 어디에 있습니까?
　 B: 이 근처에 편의점은 없습니다.

③ A: 민수 씨 어디에 있습니까?
　 B: 민수 씨는 교실에 있습니다.

④ A: 토요일에 시간이 있습니까?
　 B: 아니요, 토요일은 시간이 없습니다.

⑤ A: 이거 얼마예요?
　 B: 3500원입니다.

会話で注意する発音　　　

① 우체국이 [우체구기]、있습니까 [이씀니까]、은행 [으냉]、있습니다 [이씀니다]　② 편의점이 [펴니저미]、없습니다 [업씀니다]
③ 교실에 [교시레]　④ 토요일에 [토요이레]、시간이 [시가니]
⑤ 3500원입니다 [삼천오배궈님니다]

⌊会話の単語⌋

① 역 : [駅]、근처 : 近所・近く、우체국 : 郵便局、저 : あの、은행 : 銀行、 뒤 : 裏

② 편의점 : コンビニエンスストア、 어디 : どこ、이 : この

③ 민수 : ミンス(人名)、교실 : 教室

④ 토요일 : [土曜日]、시간 : [時間]

⑤ 이거 : これ、얼마 : いくら、원 : ウォン（韓国の貨幣単位）

会話訳

① A: 駅の近くに郵便局はありますか。　B: はい、あの銀行の裏にあります。

② A: コンビニはどこにありますか。　B: この近所にコンビニはありません。

③ A: ミンスさん、どこにいますか。　B: ミンスさんは教室にいます。

④ A: 土曜日に時間がありますか。　B: いいえ、土曜日は時間がありません。

⑤ A: これいくらですか。　B: 3500ウォンです。

★単語の整理　　　　　　　　　　　🔊29

1. 街の中のいろいろな施設や店

역	학교	은행	우체국	공원	병원	도서관	백화점 [배콰점]
[駅]	[学校]	[銀行]	郵便局	[公園]	[病院]	[図書館]	デパート

레스토랑	편의점 [펴니점]	정류장 [정뉴장]	식당	호텔	화장실
レストラン	コンビニエンスストア	バス停	[食堂]	ホテル	トイレ

2. 位置を表す語

앞	뒤	옆	안	건너편	근처
前	後ろ、裏	横、隣	中	向かい	近所、近く

まとめの練習 ………………………………………………………… 🌐 **30**

1 次の語と 있습니다(까)、없습니다(까)を使って文を作ってみましょう。必要な助詞を補いましょう。

① 가방/안/지갑　　　かばんの中に財布がありません。

_____

② 학교/뒤/도서관　　学校の裏に図書館があります。

_____

③ 편의점/김치　　　コンビニにキムチがありますか。

_____

④ 언제/회의　　　　いつ会議がありますか。

_____

⑤ 은행/건너편/서점　銀行の向かいに[書店]があります。

_____

2 次の数字をハングルに直して発音しましょう。

① 2013　_____

② 10503　_____

③ 326　_____

④ 657300　_____

⑤ 1200　_____

③ 次の日本語を韓国語に直してみましょう。

① トイレは教室の向かいにあります。

_____

② 田中さんはここ (여기) にいませんか。

_____

③ 学校の近所に郵便局があります。

_____

④ 授業は月曜日 (월요일) にあります。

_____

⑤ 銀行の近くにコンビニはありません。

_____

▶この課の内容を理解できていたらチェックしましょう。できていない部分はもう一度テキストの該当部分に戻って確認してください。

- ☐ 「います (か)・あります (か)」の表現
- ☐ 「いません (か)・ありません (か)」の表現
- ☐ 「〇〇が」の表現
- ☐ 「〇〇に」の表現
- ☐ 漢語系数詞 1〜10、百、千、万、億

저と나

　韓国語には 1 人称代名詞の「私」を表す語として「저」と「나」があります。저は目上の人や初対面の人に、나は親しい友人や明らかに目下の人に使うことができます。学生が先生に対して、あるいは会社で部下が上司に対しては必ず저を使います。逆に大人が幼い子どもに対して話すときには나を使うのが普通です。また大学生くらいまでは同学年の人に対しては初対面でも나を使うのに対し、大人同士では同世代や年下であっても、よほど親しくならない限り저を使うことが多いと思います。また子どもが親や目上の親戚と話すときにも저を使うのが原則ですが、幼い子どもや大きくなってからも親に甘えて話す場合などは나を使うこともあるようです。このように저と나の使い分けは基本的には目上か目下かによって決まりますが、社会的な関係や相手との親密度によっても多少変わってきます。同じようなことはこの後学習する尊敬語などにも言えます。ドラマなどで注意して聞いてみると相手によって言葉遣いが変わっているのがわかると思います。

第 6 課　　用言（母音語幹）文、漢語系数詞（2）、助詞（3）

この課で学ぶこと

1. 用言の語幹
2. （動詞）ます（か）＝ㅂ니다（ㅂ니까）　학교에 갑니다.　[学校]に行きます。
   （形容詞）です（か）＝ㅂ니다（ㅂ니까）　옷이 예쁩니다.　服がかわいいです。
3. ○○を＝○○를/을　우유를 [牛乳]を　책을 本を
4. ○○も＝○○도　우유도 牛乳も
5. 漢語系数詞（2）いろいろな助数詞

第5課の復習　　　　　　　　　　　　　　　　　🔘 31

　次の日本語を韓国語に直しましょう。数字もハングルで書くこと。

① 土曜日に時間がありますか。

② 今日は会議がありません。

③ コーヒー（커피）は 2800 ウォンです。

1. 用言の語幹

　第4課で学んだ입니다、第5課で学んだ있습니다、없습니다は辞書に載っている形（以下、基本形）は이다、있다、없다です。韓国語の用言（動詞、形容詞、存在詞、指定詞）は以下のように全て基本形の最後に다がつきます。

動詞	가다 行く、먹다 食べる、など
形容詞	예쁘다 かわいい、など
存在詞	있다 いる・ある、없다 いない・ない、など
指定詞	이다 ～だ、など

　これらの用言の다を取った部分を**語幹**と言います。語幹の最後にパッチムがない語幹を**母音語幹**、パッチムがある語幹を**子音語幹**、パッチムがある場合でも ㄹ パッチムで終わっている語幹を**ㄹ（리을）語幹**と言います。

가다 行く	**가**	母音語幹
먹다 食べる	**먹**	子音語幹
살다 住む	**살**	ㄹ語幹

2.「ます（か）、です（か）」＝母音語幹 ＋ ㅂ니다（ㅂ니까）＜합니다体＞

　母音語幹の場合、語幹に ㅂ니다 をつけると丁寧形「ます、です」という意味になります。また ㅂ니까 をつけると「ますか、ですか」という疑問形になります。このように、語尾 ㅂ니다、ㅂ니까 がついた形を 합니다体 と呼びます。（子音語幹の場合は第7課、ㄹ語幹の場合は第8課で学びます。）

　ㅂ니다 をつけるときは、語幹の最後の文字にパッチム ㅂ をつけ、니다 を続けます。綴りは ㅂ니다 ですが、鼻音化して発音は［ㅁ니다］になるので、注意しましょう。

가다 行く	語幹 가　가 ＋ **ㅂ니다** →	갑니다 行きます
예쁘다 きれいだ	語幹 예쁘　예쁘 ＋ **ㅂ니다** →	예쁩니다 きれいです

例) 가다　　갑니다[감니다]　　行きます　　갑니까　行きますか

　　만나다　만납니다[만남니다]　会います　　만납니까　会いますか

　　예쁘다　예쁩니다[예쁨니다]　きれいです　예쁩니까　きれいですか

→第4課で学んだ입니다は基本形이다の語幹이に ㅂ니다をつけたもの
です。

[注意]

　現在、韓国語では丁寧さによって主に4つの文体が使われています。
丁寧な順に、**합니다体、해요体、해体、한다体**があります。합니다体、
해요体は日本語の「です・ます」体に対応し、해体、한다体は「だ・
である」体に対応します。합니다体は少し固い文体、해요体は会話な
どでよく使われる柔らかい文体です。해体と한다体は会話では同等以
下（親しい友人・幼い子ども）の相手に対して使われます。한다体は
文章体としても使われます。

	합니다体	**해요体**	**해体**	**한다体**
가다	갑니다 行きます	가요 行きます	가 行く	간다 行く

練習1 ·· 🔴**32**

　次の動詞、形容詞に ㅂ니다、ㅂ니까をつけて発音し、書いてみましょう。

① 사다 買う ＿＿＿＿＿＿　　② 마시다 飲む ＿＿＿＿＿＿

③ 공부하다 勉強する ＿＿＿＿＿＿　　④ 바쁘다 忙しい ＿＿＿＿＿＿

3. ○○を＝○○를/을

「～を」に当たる韓国語の助詞를/을もパッチムの有無により２つの形があります。을の場合は連音化に注意しましょう。

パッチムなし	를	우유를 牛乳を 한국어를 [韓国語] を
パッチムあり	을	책을 [채글] 本を 가방을 かばんを

例）우유를 마십니다. 牛乳を飲みます。

　　책을 삽니까? 本を買いますか。

注意　次の動詞は日本語では「～に」を使いますが、韓国語では를/을を使います。

만나다 会う　　친구를 만납니다. 友達に会います。

타다 乗る　　전철을 탑니다. 電車に乗ります。

練習2 ⸺⸺⸺⸺⸺⸺⸺⸺⸺⸺⸺⸺⸺⸺⸺⸺⸺⸺ 💿**32**

　例のように、次の語を使って文を作ってみましょう。助詞を補い、動詞は합니다体にすること。

　例）우유/마시다（牛乳を飲みます）→ 우유를 마십니다.

① 한국어/공부하다（韓国語を勉強します）

② 다나카 씨/만나다（田中さんに会います）

③ 책/사다（本を買いますか）

④ 버스/타다（バスに乗りますか）

4. ○○も＝○○도

「～も」に当たる助詞は도で、形は1つだけです。母音やパッチム ㄴ・ㄹ・ㅁ・ㅇで終わる語の後ろでは、有声音化が起こって [do] と発音することに注意しましょう。

例）우유도 마십니다.　牛乳も飲みます。
　　책도 삽니까?　本も買いますか。

練習3 ⋯⋯⋯⋯⋯⋯⋯⋯⋯⋯⋯⋯⋯⋯⋯⋯⋯⋯⋯⋯⋯⋯⋯⋯⋯ 🔘32

例のように、次の語を使って文を作ってみましょう。助詞を補い、動詞は합니다体にすること。

例）책/사다　（本も買いますか）→ 책도 삽니까?

① 우체국/가다　（郵便局も行きます）

② 오늘/바쁘다　（今日も忙しいですか）

③ 영어/공부하다　（[英語]も勉強しますか）

⋯⋯⋯⋯⋯⋯⋯⋯⋯⋯⋯⋯⋯⋯⋯⋯⋯⋯⋯⋯⋯⋯⋯⋯⋯⋯⋯⋯⋯⋯⋯⋯

5. 漢語系数詞 (2)

ここでは第5課で学んだ漢語系数詞につく助数詞について学びます。

① 월 일 （～月～日）

基本的には「～月」は「漢語系数詞+월」ですが、6月と10月のみ形が変わります。「単語の整理」のところに月の言い方を掲載しましたので、確認してみてください。

　　6月 유월　　　10月 시월

「～日」は일を使います。

　　1月1日　　1월 1일 （일월 일 일）

　　12月25日　　12월 25일 （십이월 이십오 일）

② **원**（ウォン：韓国の貨幣単位）

韓国の貨幣単位は원です。

　　1500ウォン　　　1500원（천오백 원）

　　74000ウォン　　74000원（칠만사천 원）

③ 층（階）、학년[항년]（年生）なども漢語系数詞と共に使われます。

◎ **数の尋ね方**

　数を尋ねるときには、몇（何）を使います。ものごとについて尋ねる疑問詞 무엇（何）と間違えやすいので気をつけましょう。

　　몇 층 何階　　몇 월 [며뒬] 何月　　며칠* 何日
　　*며칠は1つの語とみなされ綴りが変わっています。

練習 4 ⋯⋯⋯⋯⋯⋯⋯⋯⋯⋯⋯⋯⋯⋯⋯⋯⋯⋯⋯⋯⋯⋯⋯⋯ 💿**33**

　次の数字を助数詞と共に韓国語に直しましょう。数字もハングルで書くこと。

① 3月15日 ＿＿＿＿＿＿＿　　② 6月30日 ＿＿＿＿＿＿＿

③ 11月27日 ＿＿＿＿＿＿＿　　④ 5階 ＿＿＿＿＿＿＿

⑤ 15000ウォン ＿＿＿＿＿＿＿　　⑥ 3年生 ＿＿＿＿＿＿＿

練習 5 ⋯⋯⋯⋯⋯⋯⋯⋯⋯⋯⋯⋯⋯⋯⋯⋯⋯⋯⋯⋯⋯⋯⋯⋯ 💿**33**

　例のように、次の語を使って文を作りましょう。必要な助詞を補い、数字はハングルに直し、文末は합니다体にすること。

　例）저/1학년/이다（私は1年生です）→ 저는 일학년입니다.

① 제/생일/8월 1일/이다（私の誕生日は8月1日です）

② 3층/가다（3階に行きます）

③ 커피/4500원/이다（コーヒーは4500ウォンです）

第6課 会話

🎵 34

次の会話を何度も発音してみましょう。また意味を確認しましょう。

① A: 일요일에 어디에 갑니까?

　　B: 박물관에 갑니다.

② A: 오늘 누구를 만납니까?

　　B: 미나 씨를 만납니다.

③ A: 생일은 언제예요?

　　B: 10(시)월 18(십팔)일이에요.

④ A: 운동을 자주 합니까?

　　B: 네, 매일 저녁에 운동을 합니다.

⑤ A: 버스를 탑니까?

　　B: 아니요, 전철을 탑니다.

会話で注意する発音

🎵 34

① 갑니까 [감니까]、박물관에 [방물과네]　② 만납니까 [만남니까]
③ 생일은 [생이른]、십팔일이에요 [십파리리에요]　④ 합니까 [함니
까]、저녁에 [저녀게]　⑤ 탑니까 [탐니까]、전철을 [전처를]

会話の単語

① 어디 : どこ、가다 : 行く、박물관 : [博物館]

② 오늘 : 今日、누구 : 誰、만나다 : 会う、미나 : ミナ（人名）

③ 생일 : 誕生日、언제 : いつ

④ 운동 : [運動]、자주 : よく・頻繁に、하다 : する、매일 : [毎日]、저녁 : 夕方・晩、운동하다 : 運動する

⑤ 버스 : バス、타다 : 乗る、전철 : 電車

会話訳

① A: 日曜日にどこに行きますか。　B: 博物館に行きます。

② A: 今日誰に会いますか。　B: ミナさんに会います。

③ A: 誕生日はいつですか。　B: 10月18日です。

④ A: 運動をよくしますか。　B: はい、毎日夕方に運動をします。

⑤ A: バスに乗りますか。　B: いいえ、電車に乗ります。

★発音規則　（2）鼻音化(2)　　　　　　　　　🔴35

　박물관は [방물관]と発音します。パッチムㄱ・ㄷ・ㅂ（またはそれらと音が同じパッチム）の後にㅁで始まる音が続くとき、ㄱ・ㄷ・ㅂはそれぞれ ㅇ・ㄴ・ㅁで発音されます。第4課で練習した鼻音化は、後ろにㄴで始まる音が続くときでしたが、ㅁで始まる音のときも同じことが起きるわけです。

パッチムㄱ　　　→　パッチム[ㅇ]
パッチムㄷ ｝+ ㅁ →　パッチム[ㄴ] ｝+ ㅁ
パッチムㅂ　　　→　パッチム[ㅁ]

例) 박물관 [**방물**관] 博物館　　빗물 [**빈**물] 雨水　　십만 [**심**만] [十万]

64

★単語の整理　　月の言い方　　　🎧36

月の言い方：漢語系数詞に월（月）をつけます。ただし6月と10月は数詞自体が変わります。

1月	2月	3月	4月	5月	6月	7月	8月	9月	10月	11月	12月
일월	이월	삼월	사월	오월	유월	칠월	팔월	구월	시월	십일월	십이월

まとめの練習 ········· 🎧37

1️⃣　次の語を使って文を作ってみましょう。必要な助詞を補い、動詞は합니다体に直すこと。

① 회사/가다　　　［会社］に行きます。

_____

② 버스/타다　　　バスに乗ります。

_____

③ 맥주/마시다　　ビールを飲みますか。

_____

④ 친구/오다　　　友達も来ます。

_____

2️⃣　次の語を使って文を作ってみましょう。必要な助詞を補い、数字はハングルに直し、語尾は합니다体に直すこと。

① 오늘/7월 24일/이다　　　今日は7月24日です。

_____

② 시험/30일/이다　　　　［試験］は30日です。

_____

③ 이 책/14000원/이다　　　この本は14000ウォンです。

_____

④ ８월/서울/가다　　　　8月にソウルに行きます。

_____

⑤ 남동생/5학년/이다　　　弟は5年生です。

_____

3　次の日本語を韓国語に直しましょう。

① 毎日コーヒーを飲みます。ジュース (주스) も飲みます。

_____

② 今日、田中先生に会います。

_____

③ 誕生日は10月8日です。

_____

④「何を買いますか。」「本を買います。」

_____

> ▶この課の内容を理解できていたらチェックしましょう。できていない部分はもう一度テキストの該当部分に戻って確認してください。
> ☐　**用言の語幹**
> ☐　**母音語幹の「(動詞) ます (か)」の表現**
> ☐　**母音語幹の「(形容詞) です (か)」の表現**
> ☐　**「○○を」の表現**　　☐　**「○○も」の表現**
> ☐　**助数詞 월・일・원・층・학년など**

第 7 課　　用言（子音語幹）文、固有語系数詞（1）、助詞（4）

この課で学ぶこと

1. （動詞）ます（か）＝습니다（습니까）　밥을 먹습니다．　ご飯を食べます。

   （形容詞）です（か）＝습니다（습니까）　오늘은 덥습니다．　今日は暑いです。

2. ○○で＝○○에서　공원에서　[公園] で

3. 固有語系数詞（1）

4. 時間の言い方

第 6 課の復習　　　　　　　　　　　　　　　　　　🔘 38

　次の日本語を韓国語に直しましょう。

① 牛乳を飲みます。

② 電車に乗ります。

③ 今日も忙しいですか。

④ 私の（제）誕生日は 10 月 3 日です。

1.「ます（か）、です（か）」＝子音語幹 ＋ 습니다（습니까）＜합니다体＞

　第 6 課では、母音語幹に ㅂ니다 をつけて합니다体を作る方法を学びました。ここでは、**子音語幹**（語幹の最後にパッチムがある語幹）の합니다体について学びます。子音語幹では、語幹に습니다をつけて합니다体を作ります。疑問形は습니까をつけます。

　먹다 食べる　　語幹 먹 ＋ **습니다** → 먹습니다 食べます

　덥다 暑い　　　語幹 덥 ＋ **습니다** → 덥습니다 暑いです

例）먹다　먹습니다[먹씀니다] 食べます　　먹습니까 食べますか

　　덥다　덥습니다[덥씀니다] 暑いです　　덥습니까 暑いですか

→第5課で学んだ存在詞있습니다、없습니다も、それぞれ基本形있다、없다の語幹に습니다がついた形です。

練習1 ·· 🔘 **39**

次の動詞、形容詞に습니다、습니까をつけて言ってみましょう。

① 찾다 探す ＿＿＿＿＿＿＿　② 받다 受け取る ＿＿＿＿＿＿＿

③ 듣다 聞く ＿＿＿＿＿＿＿　④ 어렵다 難しい ＿＿＿＿＿＿＿

··

2. ○○で＝○○에서

에서は日本語の「〜で」に対応する助詞で、前の語のパッチムの有無に関係なく、常に同じ形を使います。日本語の「〜で」のうち、動作の行われる場所を表す場合にこの에서を使います。

例）공원**에서** 운동합니다.　　　公園で[運動]します。

　　학교**에서** 친구를 만납니다.　　[学校]で友達に会います。

練習2 ·· 🔘 **39**

例のように、次の語を使って文を作りましょう。必要な助詞、語尾を補うこと。

　例）식당/점심/먹다 ([食堂]で昼食を食べます) → 식당에서 점심을 먹습니다.

① 도서관/책/찾다 ([図書館]で本を探します)

② 방/음악/듣다 (部屋で [音楽] を聞きますか)

③ 싱크대/과일/씻다 (シンクで果物を洗います)

··

3. 固有語系数詞（1）　　　　　　　　　　🔴 40

　第5課、第6課では漢語系数詞について学びましたが、ここでは韓国語固有の数詞である固有語系数詞について学びます。固有語系数詞は、20、30などがそれぞれ違う語になりますので注意が必要です。

1	2	3	4	5	6	7	8	9	10
하나	둘	셋	넷	다섯	여섯	일곱	여덟[여덜]	아홉	열

11	12	20	30	40	50	60	70	80	90
열하나	열둘	스물	서른	마흔	쉰	예순	일흔	여든	아흔

　例）　21　스물하나　　35　서른다섯　　99　아흔아홉

注意　固有語系数詞は99までしかないため、100以上の数を言う場合は、100は漢語系数詞백を使います。

　123　백스물셋

発音のポイント　以下のような場合は発音が変わります。

① 14、16、18、24、26、28のようにパッチムㄹの後に넷、여섯、여덟が続くとき、それぞれ[렏]、[려섣]、[려덜] という発音になります。

　14　열넷 [열**렏**]　　26　스물여섯 [스물**려**섣]
　28　스물여덟 [스물**려**덜]

② 30〜90のようにパッチムㄴで終わる数詞の後に여섯、여덟が続くとき、それぞれ[녀섣]、[녀덜] という発音になります。

　36　서른여섯 [서른**녀**섣]　　58　쉰여덟 [쉰**녀**덜]

◎ **助数詞が続くときの形**

　固有語系数詞の1〜4と20は後ろに助数詞がつく際、形が変わります。

	1	2	3	4	20
元の数詞	하나	둘	셋	넷	스물
助数詞の前で	**한**	**두**	**세**	**네**	**스무**

例）한 개（×하나 개）1 個　　두 개　2 個　　세 개　3 個

　　네 개　4 個　　스무 개　20 個

練習3 ·· 💿**40**

次の数字を固有語系数詞で発音し、書いてみましょう。

① 17 ＿＿＿＿＿＿＿＿　　② 24 ＿＿＿＿＿＿＿＿

③ 58 ＿＿＿＿＿＿＿＿　　④ 31 ＿＿＿＿＿＿＿＿

⑤ 96 ＿＿＿＿＿＿＿＿　　⑥ 45 ＿＿＿＿＿＿＿＿

4. 時間の言い方

　韓国語で時間を言うときは 「～時」は固有語系数詞で、「～分」は漢語系数詞で言います。

① 「～時」は시です。ただし、固有語系数詞は後ろに助数詞が続くとき 1 ～4、20 の形が変わるため、1 時～4 時と 11 時、12 時は元の数詞と形が変わる点に気をつけましょう。

1 時	2 時	3 時	4 時	5 時	6 時
한 시	**두 시**	**세 시**	**네 시**	**다섯 시**	**여섯 시**

7 時	8 時	9 時	10時	11時	12時
일곱 시	**여덟 시**	**아홉 시**	**열 시**	**열한 시**	**열두 시**

② 「～分」は분です。ただし、分の前では固有語系数詞ではなく、漢語系数詞を使います。

例）5分　오 분　　　　　25分　이십오 분

「～時半」という時の「半」は、반を使います。

例）5시 반　5時半

練習4 ⋯⋯⋯⋯⋯⋯⋯⋯⋯⋯⋯⋯⋯⋯⋯⋯⋯⋯⋯⋯⋯⋯⋯⋯ 🔘 40

次の時間を韓国語で発音し、書いてみましょう。

① 2時15分 _____　　② 5時40分 _____

③ 9時30分 _____　　④ 11時55分 _____

第7課 （会話）

🔘 41

次の会話を何度も発音してみましょう。また意味を確認しましょう。

① A: 아침에 무엇을 먹습니까?
　 B: 빵을 먹습니다.
　 A: 커피도 마십니까?
　 B: 아니요, 우유를 마십니다.

② A: 오늘은 도서관에서 숙제를 합니까?
　 B: 아니요, 집에서 숙제를 합니다.

③ A: 일요일에 무엇을 합니까?
　 B: 보통 8(여덟)시쯤에 일어납니다.
　 　 그리고 집에서 음악을 듣습니다.

④ A: 이 버스는 인천공항에 몇 시에 도착합니까?
　 B: 5(다섯)시 23(이십삼)분에 도착합니다.

会話で注意する発音　　　　　　　　　　　🎧41

① 무엇을 [무어슬]、먹습니까 [먹씀니까]　② 도서관에서 [도서과네서]、집에서 [지베서]　③ 여덟 시쯤에 [여덜씨쯔메]、일어납니다 [이러남니다]、듣습니다 [듣씀니다]　④ 몇 시 [멷씨]、도착합니까 [도차캄니까]

会話の単語

① 아침 : 朝、빵 : パン、커피 : コーヒー、우유 : [牛乳]、마시다 : 飲む
② 도서관 : 図書館、숙제 : [宿題]、하다 : する、집 : 家
③ 보통 : [普通]、쯤 : ごろ、일어나다 : 起きる、그리고 : そして、음악 : 音楽、듣다 : 聞く
④ 버스 : バス、인천공항 : [仁川空港]、몇 시 : 何時、도착하다 : [到着]する

🗨 **会話訳**

① A: 朝何を食べますか。　　B: パンを食べます。
　A: コーヒーも飲みますか。　　B: いいえ、牛乳を飲みます。
② A: 今日は図書館で宿題をしますか。　　B: いいえ、家で宿題をします。
③ A: 日曜日に何をしますか。　　B: 普通8時ごろ起きます。そして家で音楽を聞きます。
④ A: このバスは仁川空港に何時に到着しますか。　　B: 5時23分に到着します。

★発音規則　（3）激音化　　　　　🎧42

　도착하다は[도차카다]と発音します。このように、パッチムㄱ・ㄷ・ㅂ・ㅅの後ろにㅎで始まる文字が続くとき、それぞれの音は[ㅋ]・[ㅌ]・[ㅍ]・[ㅊ]のように激音で発音されます。逆にパッチムㅎの後ろにㄱ・ㄷ・ㅅで始まる文字が続くとき、それぞれの音はやはり

[ヲ]・[ㅌ]・[ㅊ] の激音で発音されます。

パッチム ㄱ・ㄷ・ㅂ・ㅅ ＋ ㅎ（初声）→ [ヲ]・[ㅌ]・[ㅍ]・[ㅊ]

例）도착하다 [도차카다] 到着する、　입학 [이파] [入学]

パッチム ㅎ ＋ ㄱ・ㄷ・ㅅ（初声）→ [ヲ]・[ㅌ]・[ㅊ]

例）좋다 [조타] よい

★単語の整理　　時間帯を表す語　　　　　　　　　　　　⊙43

오전	오후	아침	점심	낮	저녁
[午前]	[午後]	朝、朝食	昼食	昼	夕方、夕食

밤	어제	오늘	내일	모레
夜	昨日	今日	明日	明後日

　아침、낮、저녁、밤などの１日の時間帯を表す語は、日本語で「に」がつかない場合でも에をともなって使用されることがよくあります。

　例）아침에 무엇을 먹습니까？ 朝、何を食べますか。
　　　오늘 낮에는 집에 있습니다. 今日の昼は家にいます。

ま と め の 練 習 ··· 🎧 **44**

① 次の語を使って文を作ってみましょう。必要な助詞、語尾を補うこと。

① 어떤 음악/듣다　　どんな音楽を聞きますか。

_____

② 역/표/받다　　[駅] で切符を受け取ります。

_____

③ 한국어/어렵다　　[韓国語] は難しいです。

_____

④ 교실/수업/듣다　　[教室] で [授業] を聞きます。

_____

⑤ 무엇/찾다　　何を探していますか。

_____

② 次の語を使って文を作ってみましょう。必要な助詞、語尾を補い、数字はハングルに直すこと。

① 아침/7시/일어나다　　朝7時に起きます。

_____

② 9시 30분/수업/있다　　9時30分に授業があります。

_____

③ 3시 반/친구/만나다　　3時半に友達に会います。

_____

④ 야마다 씨/11시/오다　　山田さんは11時に来ます。

_____

⑤ 6시/저녁/먹다　　　　　　6時に夕食を食べます。

_____

3　次の日本語を韓国語に直してみましょう。数字はハングルに直すこと。

① ソウルは暑いです。

_____

②「何 (몇) 時に昼ごはんを食べますか。」「12時に食べます。」

_____

③ 教室で携帯電話 (휴대폰) を探します。

_____

④ 4時に学校の前で友達に会います。

_____

⑤ 午後2時14分に電車 (전철) が出発します。(出発する：출발하다)

_____

> ▶この課の内容を理解できていたらチェックしましょう。できてい
> ない部分はもう一度テキストの該当部分に戻って確認してください。
>
> ☐　子音語幹の「(動詞)ます(か)」の表現
> ☐　子音語幹の「(形容詞)です(か)」の表現
> ☐　「○○で」の表現
> ☐　固有語系数詞
> ☐　時間の言い方

우리の使い方

　韓国語で「私」を表す나の複数形として우리があります。「私」の複数形なので우리는 학생입니다（私たちは学生です）のように「私たち」という意味を持っているのですが、この우리はそれ以外の使い方もあります。たとえば우리 어머니（母）、우리 언니（姉）という使い方です。直訳すると「私たちの母」「私たちの姉」のように訳すことができますが、1人っ子であっても、2人姉妹（つまり妹が1人）であってもこのような言い方をします。この場合の우리は複数としての「私たち」というよりは「うちの」というような、自分が所属している共同体全体を指すために使われると言えます。他にも우리 집（私の家；一人暮らしでも）、우리 선생님（私の先生；1対1で学んでいても）、のような使い方があります。

　さらに韓国の人たちは韓国や韓国語を指して言う場合に「우리 나라（我が国）」「우리말（我が言葉）」という語をよく使います。これは意味的に日本人や他の外国人が自分の国について「我が国は…」と言う際に使えそうな気がしますが、우리 나라、우리말という場合の우리は「韓国固有の」というニュアンスがあり、外国人が自国を指して使うには少し違和感があるかもしれません。

第 8 課　ㄹ語幹用言、합니다体まとめ、固有語系数詞(2)、助詞(5)

この課で学ぶこと

1. **ㄹ(리을)語幹用言**　이 사람을 압니까? この人を知っていますか。
2. **합니다体まとめ**　갑니다 行きます、압니다 知っています、먹습니다 食べます
3. **固有語系数詞 (2)**
4. **○○から＝○○에서/부터、○○まで＝○○까지**

집에서 학교까지 家から[学校]まで、1시부터 2시까지 1時から2時まで

第7課の復習　　　　　　　　　　　　　　　　🔘45

次の日本語を韓国語に直しましょう。数字はハングルで書きなさい。

① 学校の前で友達に会います。

② 食堂でご飯を食べます。

③ 8時に出発します。

1. ㄹ(리을) 語幹用言

ここまで、語幹の最後にパッチムがあるかないかを基準として母音語幹と子音語幹による합니다体の作り方を学びました。語幹にはもう一種類、ㄹ語幹という種類があり、합니다体の作り方も少し異なります。ㄹ語幹は、알다（知る）のように、語幹の最後がㄹパッチムで終わる場合です。ㄹ語幹の用言は、母音語幹と同じ語尾が続くこと、また語尾

によってㄹパッチムが脱落することが特徴です。特に、ㄹパッチムが脱落するところを、よく間違えるので注意しましょう。

　合니다体を作る際に、母音語幹の場合はㅂ니다をつけましたが、ㄹ語幹のときもㅂ니다がつきます。ところがㄹ語幹は<u>子音ㅂの前でㄹパッチムが脱落する</u>というルールがあるため、以下のようになります。

알다 知る　　語幹 알 + ㅂ니다 → **아**（ㄹ脱落）+ **ㅂ니다**
　　　　　　　　→ **압니다** 知っています
길다 長い　　語幹 길 + ㅂ니다 → **기**（ㄹ脱落）+ **ㅂ니다**
　　　　　　　　→ **깁니다** 長いです

　疑問形は母音語幹の場合と同じくㅂ니까をつけますが、やはりㄹが脱落して、압니까?、깁니까? となります。
　ちなみに、ㄹ語幹は子音ㅂの他にも子音のㅅ、ㄴ、それからㄹパッチムで始まる語尾の前でㄹが脱落します。このことについては、それらの語尾を学ぶ際にまた確認することにします。

練習1 ⋯⋯⋯⋯⋯⋯⋯⋯⋯⋯⋯⋯⋯⋯⋯⋯⋯⋯⋯⋯⋯⋯⋯⋯⋯⋯⋯⋯⋯ 🎧**46**
　次の動詞・形容詞にㅂ니다をつけて言ってみましょう。
① 놀다 遊ぶ ＿＿＿＿＿　② 멀다 遠い ＿＿＿＿＿
③ 만들다 作る ＿＿＿＿＿　④ 살다 住む、暮らす ＿＿＿＿＿

2. 합니다体まとめ

第6課の「用言の語幹」で学習したように、用言には語幹が母音で終わるもの、子音で終わるもの、ㄹパッチムで終わるものの3種類があります。ここでは합니다体の3種類の活用について確認してみましょう。それぞれの語幹の特徴によって語尾の形が異なるのでしたね。以下の表で確認しましょう。

합니다体の活用まとめ

語幹の最後 〈語幹の種類〉	합니다体（叙述） （疑問）	例	です・ます ですか・ますか
パッチムなし 〈母音語幹〉	語幹＋ㅂ니다 ㅂ니까?	가다 行く	갑니다 갑니까?
ㄹパッチム 〈ㄹ語幹〉	語幹（ㄹ脱落）＋ㅂ니다 ㅂ니까?	알다 知る	압니다 압니까?
パッチムあり 〈子音語幹〉	語幹＋습니다 습니까?	먹다 食べる	먹습니다 먹습니까?

練習2 ·· 🔘 46

次の下線部の動詞、形容詞の形に注意して、文全体を日本語の意味の通りに書き換えましょう。

例）학교에 가다（学校に行きますか）→ 학교에 갑니까?

① 선물을 받다（プレゼントを受け取ります）

② 무엇을 만들다（何を作りますか）

③ 텔레비전을 보다（テレビを見ます）

④ 오늘은 바쁘다（今日は忙しいですか）

3. 固有語系数詞 (2)

第 7 課で固有語系数詞と時間の言い方について学びました。今回は固有語系数詞につく助数詞を学習します。

もう一度固有語系数詞を確認しましょう。

1	2	3	4	5	6	7	8	9	10
하나	둘	셋	넷	다섯	여섯	일곱	여덟	아홉	열

11	12	20	30	40	50	60	70	80	90
열하나	열둘	스물	서른	마흔	쉰	예순	일흔	여든	아흔

固有語系数詞につく助数詞は、第 7 課で学んだ시 (～時) 以外に、以下のようなものがあります。

개 [個]	세 개　3個、	일곱 개　7個
명 [名]	두 명　2名、	아홉 명 [아홈명]　9名
살 歳	스무 살　20歳、	마흔세 살　43歳
장 枚	두 장　2枚、	여섯 장　6枚
잔 杯	한 잔　1杯、	다섯 잔　5杯
권 冊	네 권　4冊、	여덟 권 [여덜꿘]　8冊
시간 [時間]*	한 시간　1時間、	열 시간　10時間

＊시간は、24時間 (이십사 시간)、48時間 (사십팔 시간) などまとまった時間を表す場合、漢語系数詞を使うことが多いです。

練習3 ·· ● 47

次の数字を固有語系数詞と助数詞を使って発音し、書いてみましょう。

① 3名 _____　② 12個 _____

③ 6時間 _____　④ 18歳* _____

⑤ 4杯 _____　⑥ 25枚 _____

⑦ 7冊 _____

＊④は発音注意。7-3 発音のポイント参照。

··

4. ○○から＝○○에서/부터、○○まで＝○○까지

韓国語では「～から～まで」という言い方が2種類あります。第7課で、에서は日本語の「～で」に対応する助詞であることを学びましたが、実は「～から」という意味でも使われます。以下の例のようにある場所からある場所まで、というように場所的な範囲を表す場合、～에서～까지を使います。

例）도쿄**에서** 오사카**까지**　　　東京から大阪まで

　　집**에서** 학교**까지**　　　　　家から学校まで

さらに以下の例のようにある時間からある時間まで、という時間の幅や順序を表す場合は、～부터～까지を使います。

例）12시**부터** 3시**까지**　　　12時から3時まで

　　월요일**부터** 금요일**까지**　　[月曜日]から[金曜日]まで

場所＋から	**에서**	まで	**까지**
時間＋から	**부터**		

練習4 ⏺ 47

次の日本語を韓国語に直してみましょう。発音もしてみましょう。数字はハングルに直すこと。

① 駅 (역) から学校まで _____

② 7時から11時まで _____

③ 昨日 (어제) から今日まで _____

④ 韓国 (한국) から日本 (일본) まで _____

第8課 会話

⏺ 48

次の会話を何度も発音してみましょう。また意味を確認しましょう。

① A: 이 사람을 압니까?
　 B: 네, 압니다. 저는 이 가수 팬입니다.
　 A: 저는 이 가수 콘서트에 갑니다. 같이 가죠.
　 B: 정말입니까? 감사합니다!

② A: 한국어 수업은 몇 시부터 몇 시까지 있습니까?
　 B: 1(한)시 반부터 3(세)시까지입니다.
　 A: 재미있습니까?
　 B: 네, 아주 재미있습니다.

③ A: 집에서 학교까지 몇 분쯤 걸립니까?
　 B: 저희 집은 좀 멉니다. 학교까지 2(두)시간 걸립니다.

会話で注意する発音 （この課から単純な連音化の場合は、省きました）　💿48

① 같이 [가치]　② 있습니까 [이씀니까]　③ 저희 [저히(저이)]

会話の単語

① 이：この、 사람：人、 가수：[歌手]、 팬：ファン、 콘서트：コンサート、 같

이：一緒に、 죠：〜ましょう、 정말：本当、 감사하다：有り難い・[感謝]する

② 한국어：[韓国語]、 수업：[授業]、 몇：何〜、 반：[半]、 재미있다：面白い、

아주：とても

③ 집：家、 쯤：くらい、 걸리다：かかる、 저희：私たちの・うちの (우리의 謙譲形)、

좀：ちょっと、 멀다：遠い

💬 **会話訳**

① A：この人を知っていますか。

B：はい知っています。私はこの歌手のファンです。

A：私はこの歌手のコンサートに行きます。一緒に行きましょう。

B：本当ですか。ありがとうございます。

② A：韓国語の授業は何時から何時までありますか。

B：1時半から3時までです。

A：面白いですか。

B：はい、とても面白いです。

③ A：家から学校まで何分くらいかかりますか。

B：私の家はちょっと遠いです。学校まで2時間かかります。

★発音規則　（4）口蓋音化　💿49

　パッチムㄷ、ㅌの次に이が続くとき、パッチムと이が合わさり、それぞれ [지] [치] と発音されます。

パッチム ㄷ ＋ 이 → [지]　　　　パッチム ㅌ ＋ 이 → [치]

例）해돋이 [해도지] 日の出　　같이 [가치] 一緒に

★単語の整理　　　1日の生活に関連する語句　　　　　　🔘 **50**

일어나다	세수하다	아침을 먹다	집에서 나가다	출근하다
起きる	洗顔する	朝ご飯を食べる	出かける	[出勤] する

일하다	점심을 먹다	공부하다	쉬다	저녁을 먹다
働く	昼食を食べる	勉強する	休む	夕食を食べる

목욕을 하다	자다
風呂に入る	寝る

まとめの練習 ⋯⋯⋯⋯⋯⋯⋯⋯⋯⋯⋯⋯⋯⋯⋯⋯⋯⋯⋯⋯⋯⋯ 🔘 **51**

1 次の語を使って文を作ってみましょう。必要な助詞、語尾を補うこと。

① 그 사람/머리/길다　　　　その人は髪が長いです。

_____

② 공원/놀다　　　　　　　　[公園] で遊びます。

_____

③ 저/사실/알다　　　　　　　私は [事実] を知っています。

_____

④ 어머니/집/된장/만들다　　　母は家で味噌を作ります。

_____

⑤ 집/역/멀다　　　　　　　　家から [駅] まで遠いです。

_____

2 次の語を使って文を作ってみましょう。必要な助詞、語尾を補い、
　　数字はハングルに直すこと。

① 책/2권/사다　　　　　　　　　　　本を2冊買います。

_____

② 학생/15명/있다　　　　　　　　　［学生］が15人います。

_____

③ 매일/4시간/아르바이트/하다　　［毎日］4時間アルバイトをします。

_____

④ 서울/부산/몇 시간/걸리다　　　ソウルからプサンまで何時間かかりますか。

_____

⑤ 9시/12시/공부하다　　　　　　　9時から12時まで勉強します。

_____

3 次の日本語を韓国語に直してみましょう。

① その人を知っていますか。

_____

② 家で韓国料理 (한국 음식) を作ります。

_____

③ 家から学校まで1時間半かかります。

_____

④ 「明日は何名来ますか。」「5名来ます。」 (来る： 오다)

_____

⑤ 5時から9時までアルバイトがあります。

_____

●국회의사당 (国会議事堂) （ユニフォトプレス）

　韓国の国会議事堂。ソウルを流れる한강 (漢江) の中州の島、여의도 (汝矣島) に位置する。バスや車でソウルの空港から市内に向かう途中に見えるエメラルドグリーンのドーム型の屋根が特徴的で遠くからでもそれとすぐわかる。また議員会館や国会図書館も同じ敷地内に併設されている。本館の内部は各種趣向を凝らした内装が施されていて一部一般にも公開されている。

▶この課の内容を理解できていたらチェックしましょう。できていない部分はもう一度テキストの該当部分に戻って確認してください。

- [ ] ㄹ語幹用言
- [ ] 母音語幹、子音語幹、ㄹ語幹用言の３種類の합니다体
- [ ] 固有語系数詞と助数詞
- [ ] 「○○から」、「○○まで」の表現

第9課　名詞文・用言文の否定形

この課で学ぶこと

1. **名詞文の否定形**　저는 학생이 아닙니다.　私は[学生]ではありません。
2. **用言文の否定形 (1)**　오늘은 학교에 가지 않습니다. 今日は[学校]に行きません。
3. **用言文の否定形 (2)**　오늘은 학교에 안 갑니다.　今日は学校に行きません。

第8課の復習　　　　　　　　　　　　　　　　　　　　🔘52

　次の日本語を韓国語に直しましょう。数字はハングルに直すこと。

① 公園で遊びます。

② 東京から大阪まで2時間半かかります。

③ 月曜日から金曜日まで授業があります。

1. 名詞文の否定形

「ではありません（か）」＝名詞＋가/이 아닙니다（아닙니까）

　ここでは第4課で学んだ名詞文（입니다を使った文）の否定形を学びます。名詞文とは名詞に입니다をつけて、例えば学생입니다（学生です）のような文です。このような文を「学生ではありません」という否定形にするためには、以下のように名詞の最後のパッチムの有無によって2種類の形を使います。

名詞の最後	基本形	합니다体	例
パッチム なし	**가 아니다**	**가 아닙니다*** ではありません **가 아닙니까?** ではありませんか	여기는 학교**가 아닙니다.** ここは学校ではありません。
パッチム あり	**이 아니다**	**이 아닙니다** ではありません **이 아닙니까?** ではありませんか	학생**이 아닙니까?** 学生ではありませんか。

* 아닙니다、아닙니까는、指定詞아니다에 ㅂ니다、ㅂ니까がついた形

　　아니 (母音語幹) + ㅂ니다、ㅂ니까 → 아닙니다、아닙니까

練習1 ·· 🎧 **53**

　次の語句を使って、「ではありません」という文を作りましょう。

① 제 어머니　私の母　_____

② 휴일 [休日] _____

③ 한국 사람 [韓国]人_____

④ 아이돌 가수　アイドル[歌手] _____

··

2. 用言文の否定形 (1)　「(し)ない・くない」＝用言語幹＋지 않다

　動詞や形容詞の否定形は、語幹に지 않다 [지 안타]をつけます。지 않다を합니다体にするには않다の語幹않에 습니다をつけて지 않습니다 [안씀니다] となります。

例）가다 行く　　語幹 가 + **지 않** + 습니다

　　　　　　　　　　→ 가**지 않습니다** 行きません

　　받다 受け取る　　語幹 받 + **지 않** + 습니다

　　　　　　　　　　→ 받**지 않습니다** 受け取りません

　　춥다 寒い　　語幹 춥 + **지 않** + 습니다

　　　　　　　　　　→ 춥**지 않습니다** 寒くありません

なお、지 않습니다を지 않습니까[안씀니까]？にすると疑問形になります。

　　오늘은 학교에 가**지 않습니까?** 　今日は学校に行きませんか。

　　이 방, 춥**지 않습니까?** 　　　　　この部屋、寒くないですか。

用言の否定形	叙述	疑問
語幹 + 지 않다	語幹 + 지 않습니다 ～ません、～くないです	語幹 + 지 않습니까? ～ませんか、～くないですか

注意　있다 (いる、ある) の否定は 없다 (いない、ない) です。

　　　있습니다、있습니까 ←→ 없습니다、없습니까 → 5-1参照

練習2 .... 🔘53

例のように、次の文を否定形に直しましょう。

　　例）점심을 먹습니다. 昼食を食べます。 → 否定形 점심을 먹지 않습니다.

① 오늘은 바쁩니다. 今日は忙しいです。　＿＿＿＿＿＿＿＿＿＿

② 아침은 먹습니다. 朝ご飯は食べます。　＿＿＿＿＿＿＿＿＿＿

③ 매일 공부합니다. [毎日] 勉強します。　＿＿＿＿＿＿＿＿＿＿

④ 카페에서 커피를 마십니다. カフェでコーヒーを飲みます。

　　　　　　　　　　　　　　　　＿＿＿＿＿＿＿＿＿＿

3. 用言文の否定形（2）안＋用言

　韓国語には用言の否定形が2種類あります。前述の지 않다を使った否定と、もう1種類は英語のnotのように用言の前に안を置く否定形です。

　　例）가다 行く　　→ 갑니다 行きます　　→ **안** 갑니다 行きません

　　　　먹다 食べる　→ 먹습니다 食べます　　→ **안** 먹습니다 食べません

　　　　바쁘다 忙しい → 바쁩니다 忙しいです → **안** 바쁩니다

　　　　　　　　　　　　　　　　　　　　　　　　　忙しくありません

注意　공부하다（勉強する）、일하다（仕事する）などのように「名詞
　　　＋하다」という組み合わせになっている用言は하다の直前に안が入
　　　ります。ただし～하다の形の形容詞や좋아하다（好む）などのよう
　　　に하다の前が名詞ではない用言は、用言全体の前に안が来ます。な
　　　お、～하다となる用言を「**하다用言**」と呼びます。

　　例）공부하다 勉強する　→　공부 **안** 합니다 勉強しません

　　　　일하다 仕事する　　→　일 **안** 합니다 仕事しません（働きません）

　　　　좋아하다 好む　　　→　**안** 좋아합니다 好きではありません

　　　　깨끗하다 きれいだ　→　**안** 깨끗합니다 [깨끄탐니다]
　　　　　　　　　　　　　　　　　　きれい（清潔）ではありません（形容詞）

練習3　⋯⋯⋯⋯⋯⋯⋯⋯⋯⋯⋯⋯⋯⋯⋯⋯⋯⋯⋯⋯⋯⋯⋯⋯⋯⋯⋯⋯⋯ 🔘**53**

　例のように、안をつけた否定文を作ってみましょう。

　　例）가다 行く　→　안 갑니다. 行きません

① 만나다 会う　＿＿＿＿＿＿＿＿＿＿＿＿＿＿

② 찾다 探す　＿＿＿＿＿＿＿＿＿＿＿＿＿＿

③ 출발하다 [出発]する　＿＿＿＿＿＿＿＿＿＿＿＿

④ 만들다 作る　＿＿＿＿＿＿＿＿＿＿＿＿＿＿

第9課 会話

🔘 54

次の会話を何度も発音してみましょう。また意味を確認しましょう。

① A: 저기는 공원이에요?

   B: 아니요, 저기는 공원이 아닙니다. 학교 운동장이에요.

② A: 일요일에 학교에 갑니까?

   B: 아니요, 가지 않습니다. 일요일에는 수업이 없습니다.

   A: 토요일은 갑니까?

   B: 아니요, 토요일도 안 갑니다.

③ A: 집에서 김치를 만듭니까?

   B: 아니요, 요즘은 별로 안 만듭니다. 보통 슈퍼에서 삽니다.

会話で注意する発音

🔘 54

② 않습니다 [안씀니다]、없습니다 [업씀니다]

会話の単語

① 저기：あそこ、공원：[公園]、운동장：校庭·[運動場]

② 일요일：[日曜日]、에는：には、수업：[授業]、토요일：[土曜日]

③ 집：家、김치：キムチ、만들다：作る、요즘：最近、별로：あまり、

   보통：[普通]、슈퍼：スーパー、사다：買う

会話訳

① A: あそこは公園ですか。　B: いいえ、あそこは公園ではありません。学校の校庭です。

② A: 日曜日に学校に行きますか。　B: いいえ、行きません。日曜日には授業がありません。
A: 土曜日は行きますか。　B: いいえ、土曜日も行きません。

③ A: 家でキムチを作りますか。　B: いいえ、最近はあまり作りません。普通スーパーで買います。

★発音規則　（5）２文字パッチム (1)　ㅎ(히읗)を含むもの　　🎧55

この課で出て来た않다は [안타] と発音します。このように２文字パッチムᆭの後にㄱ・ㄷ・ㅂ・スで始まる音が続くとき、ㄴはそのままパッチムとして、ㅎは後ろの音と合わさって激音となります。ᆭ以外にᆶも同じように発音します。

> パッチムᆭ ＋ ㄱ・ㄷ・ㅂ・ス → パッチムㄴ ＋ ㅋ・ㅌ・ㅍ・ㅊ
>
> パッチムᆶ ＋ ㄱ・ㄷ・ㅂ・ス → パッチムㄹ ＋ ㅋ・ㅌ・ㅍ・ㅊ

例）끊다 [**끈타**] 切る　　싫다 [**실타**] 嫌いだ

ᆭ、ᆶの後に母音や、ㄱ・ㄷ・ㅂ・ス以外の子音が続くとき、ㅎは発音しないでㄴ、ㄹのみ発音します。なお、後ろが母音のときは、連音化して発音します。

例）괜찮아요 [괜**차나**요] 大丈夫です　　싫어요 [**시러요**] 嫌いです

ただし、ᆭ、ᆶの後に습니다などのスで始まる語尾が続く場合は、ㅎは発音せず、スは濃音となります。

例）괜찮습니다 [괜**찬씀**니다] 大丈夫です
싫습니다 [**실씀**니다] 嫌いです

★単語の整理　　食べ物に関する語（1）　　🎵56

요리	식사	음식	메뉴	생선	소고기	돼지고기
[料理]	[食事]	食べ物	メニュー	（食べる）魚	牛肉	豚肉

닭고기 [닥꼬기]	야채	과일	밥	김치	반찬	밥그릇
鶏肉	[野菜]	果物	ご飯	キムチ	おかず	ご飯の碗

접시	컵	숟가락	젓가락
皿	コップ	スプーン	箸

🅜🅣🅜🅔の🅟🅡🅐🅒 ………………………………………… 🎵57

① 次の語を使って文を作ってみましょう。必要な助詞、語尾を補うこと。

① 이것/한국 노래　　これは韓国の歌ではありません。

_____

② 저/사람/일본 사람　　あの人は［日本］人ではありません。

_____

③ 오늘/제/생일/내일　　今日は私の誕生日ではありません。明日です。

_____

④ 이 아이/제/동생　　この子は私の妹（弟）ではありません。

_____

⑤ 미나 씨/구두　　ミナさんの靴ではありませんか。

_____

② 次の語を使って2種類の否定の文を作りましょう。必要な助詞、語尾を補うこと。

　例）학교/가다　　学校に行きません。

→학교에 가지 않습니다. / 학교에 안 갑니다.

① 우유/마시다　　　[牛乳] は飲みません。

_____

② 오늘/춥다　　　　今日は寒くありません。

_____

③ 한국어/어렵다　　[韓国語] は難しくありません。

_____

④ 운동하다　　　　[運動] しません。

_____

---

③ 次の日本語を韓国語に直してみましょう。

① バスに乗りません。電車に乗ります。(乗る：타다)

＊타다の前の助詞に注意。

_____

② 私はお酒を飲みません。

_____

③ ここは図書館ではありません。

_____

④ 夜 (밤) には音楽を聴きません。

_____

> ▶この課の内容を理解できていたらチェックしましょう。できていない部分はもう一度テキストの該当部分に戻って確認してください。
>
> □　名詞文の否定形
> □　用言文の否定形 (1)　　□　用言文の否定形 (2)

第❿課　過去形（1）、助詞（6）

この課で学ぶこと

1. 陽母音と陰母音

2. 過去形「ました、でした」＝語幹＋았/었습니다

　　점심에 무엇을 먹었습니까?　昼ご飯に何を食べましたか。

3. 母音語幹の過去形（1）（母音が脱落するタイプ）

　　택시를 탔습니다.　タクシーに乗りました。

4. ○○で（手段・方法）＝○○로/으로

　　버스로　バスで　　전철로　電車で　　트럭으로　トラックで

第9課の復習　　　　　　　　　　　　　　　🔘 58

　次の日本語を韓国語に直しましょう。

① スジン（수진）さんは学生ではありません。

② 朝ご飯は食べません。

③ 今日は忙しくありません。

1. 陽母音と陰母音

　ここまで、합니다体の現在形を学習してきましたが、第10課では「過去形」を学びます。過去形は語幹の母音の種類によって作り方が少し違ってきます。まずその母音の種類について学習しましょう。以下がその種類です。

陽母音　ト・ユ・（ヤ・ㅛ・ㅘ）*

陰母音　上記以外

＊ヤ・ㅛ・ㅘも陽母音ですが、用言語幹の最後にこれらの母音があることはほとんどないので、陽母音はト・ユと覚えておけばよいでしょう。

　過去形は、語幹の最後の母音が陽母音か陰母音かによって、異なる語尾がつきます。韓国語の活用は합니다体の現在形を作るときのように、パッチムの有無によるものの他に、今回のように陽母音か陰母音かによるものがあります。

2. 過去形「ました、でした」＝語幹＋았/었습니다

　用言の過去形は、<u>語幹の最後の母音が陽母音か陰母音かで異なる形</u>になります。

◎**陽母音の場合**

　語幹に過去形を表す**았**をつけ、さらに합니다体の습니다、습니까をつけます。つまり、語幹に았습니다、았습니까をつけると、「～ました」「～ましたか」という意味になります。

받다 受け取る　　語幹の最後の母音が ト（陽母音）

　받＋**았**＋습니다、습니까　→　받**았**습니다、받**았**습니까

　　　　　　　　　　　　　　受け取りました、受け取りましたか

놀다 遊ぶ　　語幹の最後の母音が ㅗ（陽母音）

　놀＋**았**＋습니다、습니까　→　놀**았**습니다、놀**았**습니까

　　　　　　　　　　　　　　遊びました、遊びましたか

◎**陰母音の場合**

　語幹に**었**をつけ、さらに습니다、습니까をつけます。つまり、語幹に었습니다、었습니까をつけます。

먹다 食べる　　語幹の最後の母音が ㅓ（陰母音）

먹＋었＋습니다、습니까　→　먹었습니다、먹었습니까

食べました、食べましたか

울다 泣く　　語幹の最後の母音が ㅜ（陰母音）

울＋었＋습니다、습니까　→　울었습니다、울었습니까

泣きました、泣きましたか

注意 　놀다、울다のような ㄹ語幹は、陽母音・陰母音による活用の場合、他の子音語幹と同じ形の取り方をして、パッチム ㄹ が脱落することはありません。

◎ **否定形の지 않다**も上記の用言と同じように過去形を作ることができます。

않다　語幹の最後の母音が ㅏ（陽母音）　　않＋았＋습니다、습니까

바쁘다 忙しい　→　바쁘지 않았습니다、않았습니까

忙しくなかったです、忙しくなかったですか

練習1 ··· 🔘59

次の動詞・形容詞を過去形「〜しました」「〜かったです」という意味の韓国語に直しましょう。

① 먹다 食べる ＿＿＿＿＿＿＿＿＿＿＿＿＿

② 닫다 閉める ＿＿＿＿＿＿＿＿＿＿＿＿＿

③ 웃다 笑う ＿＿＿＿＿＿＿＿＿＿＿＿＿

④ 높다 高い ＿＿＿＿＿＿＿＿＿＿＿＿＿

⑤ 울지 않다 泣かない ＿＿＿＿＿＿＿＿＿＿＿＿＿

3. 母音語幹の過去形 (1) (母音が脱落するタイプ)

　2で過去形を作る方法を学びましたが、母音語幹の用言の場合、過去形を作るときに母音が脱落したり、母音が合わさったりすることがあるので注意が必要です。ここでは母音が脱落する場合を学びます。以下の場合に、母音아、어が脱落します。

① ｜ㅏ + 았｜ 語幹の最後が母音ㅏの場合、**아が脱落**
　가다 行く 　｜가 + 았｜ + 습니다 → ｜갔｜습니다 行きました

② ｜ㅓ + 었｜ 語幹の最後が母音ㅓの場合、**어が脱落**
　서다 立つ 　｜서 + 었｜ + 습니다 → ｜섰｜습니다 立ちました

③ ｜ㅕ + 었｜ 語幹の最後が母音ㅕの場合、**어が脱落**
　켜다 (電気などを)つける 　｜켜 + 었｜ + 습니다 → ｜켰｜습니다 つけました

④ ｜ㅐ + 었｜ 語幹の最後が母音ㅐの場合、**어が脱落**
　보내다 送る 　보｜내 + 었｜ + 습니다 → 보｜냈｜습니다 送りました

⑤ ｜ㅔ + 었｜ 語幹の最後が母音ㅔの場合、**어が脱落**
　세다 数える 　｜세 + 었｜ + 습니다 → ｜셌｜습니다 数えました

　これらの過去形はよく見ると語幹にㅆ습니다がついたという見方をすることもできます。母音が脱落すると考えてもよいですし、<u>語幹にㅆ습니다がつく</u>、と考えてもよいと思います。

練習2 ··· ◉ 59

次の動詞を過去形「～しました」という意味の韓国語に直しましょう。

① 만나다 会う ＿＿＿＿＿＿＿＿＿＿＿＿＿＿

② 타다 乗る ＿＿＿＿＿＿＿＿＿＿＿＿＿＿

③ 일어나다 起きる ＿＿＿＿＿＿＿＿＿＿＿＿

④ 내다 出す ＿＿＿＿＿＿＿＿＿＿＿＿＿

練習3 ··· ◉ 59

下線部の動詞・形容詞を過去形にし、さらに必要な助詞などを補って文を完成させましょう。

① 문/열다 (ドアを開けました) ＿＿＿＿＿＿＿＿＿＿＿＿＿＿

② 아침/먹지 않다 (朝ご飯は食べませんでした) ＿＿＿＿＿＿＿＿＿＿＿＿＿＿＿

③ 어디/가다 (どこに行きましたか) ＿＿＿＿＿＿＿＿＿＿＿＿

④ 짐/보내다 (荷物を送りましたか) ＿＿＿＿＿＿＿＿＿＿＿＿

4. ○○で（手段・方法）＝○○로/으로

韓国語では「どこどこで（場所）」というときの「～で」と、「何々で(手段・方法)」というときの「～で」は違う助詞を使います。第7課で、에서は日本語の「～で」に対応する助詞だと学びましたが、この에서は前に場所を表す語がきて「どこどこで」を表す助詞です。以下の例のように手段や方法を表す「～で」は로/으로を使います。その際、最後にパッチムがない場合とㄹパッチムの場合には로、パッチムがある場合は으로を使います。

パッチムなし	로	자전거**로** [自転車] で 한국어**로** [韓国語] で
ㄹパッチム	**로**	지하철**로** [地下鉄] で 연필**로** [鉛筆] で
パッチムあり	**으로**	트럭**으로** トラックで 젓가락**으로** 箸で

例) 버스**로** 갑니다.　バスで行きます。

　　영어**로** 이야기합니다.　[英語] で話します。

　　전철**로** 왔습니다.　電車で来ました。(ㄹパッチム)

　　펜**으로** 씁니다.　ペンで書きます。

その他、로/으로は方向を表す「～へ」という意味でも用いられます。

　　저쪽**으로** 갑니다.　あちらへ行きます。

練習4 ･･ 📀**59**

　次の語を使って日本語の意味に合うように文を作りましょう。必要な助詞、語尾を補うこと。

① 숟가락/먹다 (スプーンで食べました)

_____

② 한글/이름/쓰다 (ハングルで名前を書きます)

_____

③ 차/회사/다니다 ([車] で [会社] に通います)

_____

第10課 会話

60

次の会話を何度も発音してみましょう。また意味を確認しましょう。

① A: 점심에 무엇을 먹었습니까?
B: 백화점 식당에서 우동을 먹었습니다.
A: 맛있었습니까?
B: 네, 맛있었습니다.

② A: 할인 쿠폰 받았습니까?
B: 네, 받았습니다. 그래서 아주 쌌습니다.

③ A: 집에서 학교까지 멉니까?
B: 보통 버스로 30(삼십)분쯤 걸립니다. 별로 멀지 않습니다. 미나 씨는 학교에 어떻게 갑니까?
A: 저는 지하철로 갑니다. 1(한)시간쯤 걸립니다.

会話で注意する発音

60

① 먹었습니까 [머거씀니까]、백화점 [배콰점]、맛있었습니까 [마시써씀니까]　② 받았습니까 [바다씀니까]　③ 않습니다 [안씀니다]、어떻게 [어떠케]

会話の単語

① 점심 : 昼ご飯、 백화점 : デパート、 식당 : [食堂]、 우동 : うどん、 맛있다 : おいしい

② 할인 쿠폰 : [割引]クーポン、 그래서 : それで、 아주 : とても、 싸다 : 安い

③ 멀다 : 遠い（ㄹ語幹）、 보통 : 普段・[普通]、 분 : [分]、 쯤 : くらい、 걸리다 : かかる、 별로 : あまり・それほど、 어떻게 : どうやって・どのように、 시간 : [時間]

会話訳

① A: 昼食に何を食べましたか。　B: デパートの食堂でうどんを食べました。

A: おいしかったですか。　B: はい、おいしかったです。

② A: 割引クーポン、受け取りましたか。　B: はい、受け取りました。それでとても安かったです。

③ A: 家から学校まで遠いですか。　B: 普段バスで30分くらいかかります。あまり遠くありません。ミナさんは学校にどうやって行きますか。　A: 私は地下鉄で行きます。1時間くらいかかります。

★発音規則　（6）2文字パッチム（2）母音が続くとき　●61

パッチムが2つ（ㅎを含まないもの）あり、後に母音が続くとき、左側はそのままパッチムとして、右側は次の母音に連音化して発音します。

たとえば　パッチムㄹㄱ＋母音 → パッチムㄹ＋ㄱ＋母音（連音化）

パッチムㅄ＋母音 → パッチムㅂ＋ㅅ＋母音（連音化）

となります。

例）읽었습니다 [**일거씀니다**] 読みました

없었습니다 [**업써씀니다**] ありませんでした・いませんでした

값이 [**갑씨**] 値段が

2文字のパッチムには、ㄹㄱ、ㅄの他に、ㄵ、ㄼ などがあります。

★単語の整理　　乗り物に関する語　　🎧62

버스	전철	지하철	택시	차	자전거	비행기	KTX (케이티엑스)
バス	電車	[地下鉄]	タクシー	[車]	[自転車]	[飛行機]	KTX (韓国高速鉄道)

배	역	정류장 [정뉴장]	공항	타다	내리다	갈아타다
船	[駅]	停留所	[空港]	乗る	降りる	乗り換える

まとめの練習 ………………………………………………………… 🎧63

1　次の語を使って文を作ってみましょう。必要な助詞、語尾を補うこと。

① 교실/학생/있다　　　　　[教室] に [学生] がいました。
_____

② 숟가락/비빔밥/먹다　　　スプーンでビビンバを食べました。
_____

③ 소포/받다　　　　　　　[小包] を受け取りましたか。
_____

④ 공원/놀다　　　　　　　[公園] で遊びました。
_____

⑤ 사진/찍다　　　　　　　[写真] を撮りました。
_____

2　次の語を使って文を作ってみましょう。必要な助詞、語尾を補うこと。

① 자전거/도서관/가다　　　自転車で [図書館] に行きました。

② 이/옷/비싸다　　　　　　この服は高かったです。
_____

③ 에어컨/켜다　　　　　　エアコンをつけました。

_____

④ 리포트/내다　　　　　　レポートを出しました。

_____

⑤ 아침/가게 앞/줄을 서다　朝から店の前に並びました。(並ぶ：줄을 서다)

_____

③ 次の日本語を韓国語に直してみましょう。数字はハングルにすること。

① メール (메일) を受け取りましたか。

_____

② 昨日 (어제) 韓国料理 (한국 음식) を食べました。

_____

③ 図書館の前でスミ (수미) さんに会いました。

_____

④ 家から東京駅 (도쿄역) まで地下鉄で30分かかります。

_____

▶この課の内容を理解できていたらチェックしましょう。できていない部分はもう一度テキストの該当部分に戻って確認してください。

- [ ] **陽母音と陰母音**
- [ ] **過去形の作り方**
- [ ] **母音語幹の過去形 (母音が脱落するタイプ)**
- [ ] **「〇〇で (手段・方法)」の表現**

第⓫課　過去形 (2)

この課で学ぶこと

1. 母音語幹の過去形 (2) （母音が合わさるタイプ）

　커피를 마셨습니다. コーヒーを飲みました。

2. 하다用言の過去形　학교에서 공부했습니다. ［学校］で勉強しました。

3. 指定詞 이다、아니다の過去形　저 사람은 친구였습니다.

　　　　　　　　　　　　　　　　　　　　　　あの人は友達でした。

4. 過去形の作り方　まとめ

第10課の復習　　　　　　　　　　　　　　　　　　　　　　 64

　次の日本語を韓国語に直しましょう。

① 朝ご飯は何を食べましたか。

② 昨日友達に会いました。

③ エアコンをつけました。

1. 母音語幹の過去形 (2) （母音が合わさるタイプ）

　第10課では、母音語幹の用言を過去形にするとき、母音が脱落するタイプについて学習しました。ここではさらに母音語幹の過去形で、母音が合わさるタイプについて学びます。陽母音か陰母音かを見分けて았/었をつけるのはこれまでと同じですが、以下のような場合は、語幹の母音と았/었が合わさります（縮約）。

① 　ㅗ＋았　語幹の最後が母音ㅗの場合、**았**となる

　　보다 見る　　**보＋았**＋습니다 → **보았**습니다/**봤**습니다 見ました

注意　오다（来る）の場合は縮約形しか使えない。

　　　　오다 → 왔습니다　（×오았습니다）

② ㅜ＋었　語幹の最後が母音ㅜの場合、**줬**となる

　　주다 あげる・くれる　　**주＋었**습니다 → **주었**습니다/**줬**습니다

　　　　　　　　　　　　　　　　　　　あげました・くれました

③ ㅣ＋었　語幹の最後が母音ㅣの場合、**졌**となる

　　마시다 飲む　　마**시＋었**습니다 → **마셨**습니다 飲みました

④ ㅚ＋었　語幹の最後が母音ㅚの場合、**됐**となる

　　되다 なる　　**되＋었**습니다 → **되었**습니다/**됐**습니다 なりました

　上の①②④の場合、縮約しない形も縮約形も使えます。縮約しない形は書き言葉で多く使われ、縮約形は話し言葉で多く使われます。③の場合も両方とも使うことができますが、書き言葉でも話し言葉でも通常は縮約形が使われます。

　例）어제 영화를 **보았**습니다/**봤**습니다.　　昨日［映画］を見ました。

　　　생일 선물을 **주었**습니다/**줬**습니다.　　誕生日プレゼントをあげました。

　　　커피를 **마셨**습니다.　コーヒーを飲みました。

　　　그 사람은 변호사가 **되었**습니다/**됐**습니다.*

　　　　　　　　　　　　　　その人は［弁護士］になりました。

　＊日本語の「〜になる」は韓国語では가/이 되다となり、助詞が異なります。

2. 하다用言の過去形

하다（する）や공부하다（勉強する）のように～하다の形の動詞、形容詞は하다用言と言いました（→9-3）。この하다用言の過去形は、これまでと異なり語幹に였という形がつきます。さらに하였という形は했という縮約形になります。他の用言と異なるので注意しましょう。

하다 する　하 + 였 + 습니다　→　하였습니다/했습니다　しました

하다用言の場合も縮約しない形、縮約形どちらも使えます。多くの場合縮約形が使われますが、書き言葉では縮約しない形も使われます。

練習 1 ………………………………………………………………… ◉65

次の動詞を過去形「～しました」という意味の韓国語に直しましょう。縮約形を使ってください。

① 오다 来る _____

② 배우다 習う _____

③ 기다리다 待つ _____

④ 일하다 働く _____

3. 指定詞이다、아니다の過去形

名詞文を作る指定詞이다（～だ）、아니다（～でない）の過去形について学びましょう。이다、아니다とも語幹の最後の母音が陰母音ㅣですので、基本的には었がつき、さらに습니다、습니까がつきます。ただし、前の名詞がパッチムなしの場合、이다の過去形は이었ではなく였となるので、注意が必要です。

		パッチムなし	パッチムあり
이다	平叙文	**였습니다**	**이었습니다**
	疑問文	**였습니까**	**이었습니까**
가/이 아니다	平叙文	**가 아니었습니다**	**이 아니었습니다**
	疑問文	**가 아니었습니까**	**이 아니었습니까**

- パッチムなし

  친구　友達 + **였습니다** → 친구**였습니다**　友達でした

  친구 + **가 아니었습니다** → 친구**가 아니었습니다**　友達ではありませんでした

- パッチムあり

  공원 [公園] + **이었습니다** → 공원**이었습니다**　公園でした

  공원 + **이 아니었습니다** → 공원**이 아니었습니다**　公園ではありませんでした

例)　저 사람은 친구**였습니다**.　あの人は友達でした。

　　저분은 선생님**이었습니다**.　あの方は先生でした。

　　여기는 학교**가 아니었습니다**.　ここは学校ではありませんでした。

　　여기는 공원**이 아니었습니다**.　ここは公園ではありませんでした。

練習 2 ……………………………………………………………………… 🎧**65**

　例のように次の語句を使って名詞を「〜でした」「〜ではありません
でした」という文にしましょう。

　例)　학생 [学生] → 학생이었습니다 / 학생이 아니었습니다.

① 일요일 [日曜日] → ＿＿＿＿＿＿＿ / ＿＿＿＿＿＿＿

② 한국 가수　[韓国]の[歌手] → ＿＿＿＿＿＿＿ / ＿＿＿＿＿＿＿

4. 過去形の作り方　まとめ

　第10課と第11課で過去形の作り方を学びました。ここで過去形の作り方をまとめてみましょう。

- **子音語幹の用言** → 陽母音か陰母音かを判断 → 았습니다/었습니다をつける

- **母音語幹の用言** → 陽母音か陰母音かを判断 → 았습니다/었습니다をつける

　　　　⇒ ［語幹末の母音が ㅏ・ㅓ・ㅔ・ㅐ・ㅕ の場合、母音が脱落
　　　　　 語幹末の母音が ㅗ・ㅜ・ㅣ・ㅚ の場合、母音が縮約

- **하다用言** → 語幹하に였습니다をつける → （多くの場合）縮約形했습니다にする。

- **指定詞이다、아니다** → 名詞の最後にパッチムがあるかないかを判断

　　　　⇒ ［パッチムなし　였습니다、가 아니었습니다
　　　　　 パッチムあり　이었습니다、이 아니었습니다

練習3 ·· ◉**65**

　次の用言を過去形にし、さらに必要な助詞などを補って文を完成させましょう。　縮約形がある場合は縮約形を使いましょう。

① 공원/놀다（公園で遊びました）＿＿＿＿＿＿＿＿＿＿＿＿＿＿＿

② 오사카/2시간/걸리다（大阪まで2[時間]かかりました）

　　＿＿＿＿＿＿＿＿＿＿＿＿＿＿＿

③ 편지/보내다（手紙を送りました）＿＿＿＿＿＿＿＿＿＿＿＿＿

④ 어제/집/있다（昨日は家にいましたか）＿＿＿＿＿＿＿＿＿＿＿

⑤ 주말/숙제/하다（[週末]に[宿題]をしましたか）

　　＿＿＿＿＿＿＿＿＿＿＿＿＿＿＿

第11課

🎧 **66**

次の会話を何度も発音してみましょう。また意味を確認しましょう。

① A: 미나 씨, 작년에도 한국어를 공부했습니까?

　 B: 네, 저는 작년에 한국어 공부를 시작했습니다.
　　 방학 때는 서울에 여행도 갔습니다.

② A: 어제 한국 드라마 봤습니까? 요즘 인기가 있지요?

　 B: 네, 봤습니다. 아주 감동적이었습니다.

③ A: 준호 씨, 왜 이렇게 늦었습니까?

　 B: 많이 기다렸습니까? 죄송합니다. 버스가 늦었
　　 습니다.

④ A: 오늘 몇 시에 학교에 왔습니까?

　 B: 저는 8(여덟)시 반에 왔습니다. 1(일)교시에
　　 수업이 있었습니다.

会話で注意する発音　　🎧 **66**

① 작년에 [장녀네]、시작했습니다 [시자캐씀니다]　② 인기[인끼]

③ 이렇게 [이러케]、많이 [마니]　④ 여덟 시[여덜씨]

会話の単語

① 작년：去年、 시작하다：始める、 방학：(学校の) 休み、 때：時、 여행：
　[旅行]

② 드라마 : ドラマ、요즘 : 最近、인기 : [人気]、지요 : ～でしょう、아주 : とても、감동적이다 : [感動的]だ

③ 준호 : ジュノ（人名）、왜 : なぜ、이렇게 : こんなに、늦다 : 遅れる、많이 : 多く・たくさん、기다리다 : 待つ、죄송하다 : 申し訳ない

④ 오늘 : 今日、교시 : ～時限目、수업 : [授業]

会話訳

① A: ミナさん、去年も韓国語を勉強しましたか。　B: はい、私は去年韓国語の勉強を始めました。休みにはソウルに旅行も行きました。

② A: 昨日韓国のドラマ見ましたか。最近人気があるでしょう。　B: はい、見ました。とても感動的でした。

③ A: ジュノさん、どうしてこんなに遅れたのですか。　B: 長く待ちましたか。すみません。バスが遅れました。

④ A: 今日何時に学校に来ましたか。　B: 私は８時半に来ました。1時限目に授業がありました。

★発音規則　（7）側音化　◎67

　パッチムㄴの次にㄹで始まる音が、あるいはパッチムㄹの次にㄴで始まる音が続くとき、ㄴの音がㄹで発音されます。

　　パッチムㄴ＋ㄹ　→　[ㄹㄹ]　　パッチムㄹ＋ㄴ→　[ㄹㄹ]

例）연락 [**열락**]（連絡）　　물놀이 [**물로리**]（水遊び）

★**単語の整理**　　食べ物に関する語 (2)　　　　　🔴 **68**

물	커피	우유	주스	녹차	홍차	사이다	맥주	술
水	コーヒー	[牛乳]	ジュース	[緑茶]	[紅茶]	サイダー	ビール	酒

빵	라면	카레라이스	오므라이스	비빔밥 [비빔빱]	냉면
パン	ラーメン	カレーライス	オムライス	ビビンバ	[冷麺]

갈비	떡볶이
カルビ	トッポッキ

まとめの練習 ……………………………………………………… 🔴 **69**

1️⃣ 次の語を使って文を作ってみましょう。必要な助詞、語尾を補い、数字
はハングルに直すこと。

① 몇 시/도착하다　　　　　何時に[到着]しましたか。

_____

② 1 년 전/학생이다　　　　1 年前には学生でしたか。

_____

③ 언제/한국어/배우다　　いつから[韓国語]を習いましたか。

_____

④ 오늘/휴일/아니다　　　今日は[休日]ではありませんでした。

_____

2️⃣ 次の語を使って文を作ってみましょう。必要な助詞、語尾を補うこと。

① 어제/친구/만나다　　　昨日友達に会いました。

_____

② 점심/무엇/먹다　　　　　昼食に何を食べましたか。

_____

③ 오늘/집/역/자전거/가다　今日は家から[駅]まで[自転車]で行きました。

_____

④ 옷/좀/비싸다　　　　　　服が少し高かったです。

_____

③ 次の日本語を韓国語に直してみましょう。

① 図書館で勉強しました。

_____

② 服 (옷) を売りました。(売る：팔다)

_____

③ 今日は授業がありませんでした。

_____

④ 朝 (아침) 何を飲みましたか。*　(飲む：마시다)

　　　　　　　　　　　　　　＊아침には에をつけます。

_____

▶この課の内容を理解できていたらチェックしましょう。できていない部分はもう一度テキストの該当部分に戻って確認してください。

☐　母音語幹の過去形 (2) (母音が合わさるタイプ)

☐　하다用言の過去形の作り方

☐　指定詞이다, 아니다の過去形の作り方

☐　過去形の作り方　まとめ

한국어 ? 한국말 ?

　日本語には漢字を組み合わせて構成する漢語と、もとから日本にある「やまとことば」がありますが、韓国にも似たような語彙の違いがあります。たとえば「韓国語」という意味の韓国語として한국어がありますが、同じ意味で한국말 [한궁말] という言葉もよく耳にします。한국어は漢字の「韓国語」がもとになっている言葉で、「한자어 (漢字語)」と呼ばれます。それに対し、한국말の한국は漢語の「韓国」ですが、말は「ことば」という意味の韓国固有の言葉です。この말のような語彙を고유어 (固有語) と言います。一般的な名詞を修飾するような場合には「한국어 교과서 (韓国語の教科書)」「한국어 교실 (韓国語教室)」のように漢字語がよく使われます。しかし会話で「韓国語お上手ですね」のように単独で使われるときには「한국말 잘하시네요 .」のように固有語もよく使われます。このように韓国語には漢字語と固有語があり、場面によって使い分けられています。数詞などをはじめ、他にもたくさんこのような語彙があります。

　ちなみに韓国語の漢字語と日本語の漢字熟語は、同じ意味を持つものも多いですが、同じ漢字を使っていても意味が異なるものも多くあります。日本語の漢字をそのままハングルに置きかえて使おうとする際には注意が必要です。

第12課　해요체、助詞(7)

この課で学ぶこと

1. 해요체とは

2. 해요체「ます(か)、です(か)」＝語幹＋아요/어요

   빵을 먹어요.　パンを食べます。

3. 해요체の過去形「ました(か)、でした(か)」＝語幹＋았/었어요

   빵을 먹었어요.　パンを食べました。

4. ○○に＝○○에게、○○から＝○○에게서

   친구에게 편지를 보내요.　友達に手紙を送ります。

   친구에게서 메일을 받았어요.　友達からメールを受け取りました。

5. ○○と＝○○와/과、○○하고

   저와 언니　私と姉　　선생님과 학생　先生と[学生]

   치킨하고 맥주　チキンとビール

第11課の復習　　　　　　　　　　　　　　　　　　　🄯 70

次の文を韓国語に直しましょう。

① 昨日映画を見ました。

② 図書館で勉強しました。

③ 朝コーヒーを飲みましたか。(「朝」に에をつけること)

1. 해요체とは

ここまで합니다体の現在形、過去形を学びました。합니다体は丁寧

で少しかしこまった文体です。韓国語にはさらに**해요体**という文体があります。これは丁寧でありながら親しみを持った文体で、会話で多く使われます。第12課ではこの해요体を学びます。以下の例を見てみましょう。

　　　　점심을 **먹습니다**.　←합니다体
　　　　점심을 **먹어요**.　　←해요体

　上記の2つの例はどちらも日本語に訳すと「昼食を食べます」となります。しかし먹습니다の方は、かしこまった固い印象を与えます。そのため非常に目上の人やあまり親しくない人に使います。먹어요は目上の親しい人や、同世代やそれ以下の人に使います。使い分けは相手との関係によって微妙に違ってくるため、韓国語の会話を聞いたりする中で少しずつ使い分け方を学ぶのが一番よいでしょう。では実際に作り方を学習しましょう。

2. 해요体「ます(か)、です(か)」＝語幹＋아요/어요

　해요体は過去形と同じように、用言の語幹最後の母音が陽母音か陰母音かで後ろに来る語尾の形が決まります。第10課で学習した通り、陽母音はﾄ・ﾛ、それ以外は陰母音です。해요体にするには、<u>陽母音の場合は아요、陰母音の場合は어요</u>をつけます。（過去形のときの았습니다、었습니다が아요、어요に替わったと考えるとわかりやすいと思います。）

（1）基本的な作り方
받다 受け取る　　語幹の最後の母音がﾄ（陽母音）→ 語幹に**아요**をつける
　　받＋**아요** → 받아요(?) 受け取ります(か)

먹다 食べる　　語幹の最後の母音が ㅓ (陰母音) → 語幹に **어요**をつける

　먹 + **어요** → 먹**어요**(?)　食べます(か)

　해요体は、叙述形と疑問形が同じ形になります。疑問のときは「?」を
つけます。発音する際には疑問文は文末を少し上げるように発音します。

　　例) 아침에 빵을 먹**어요**.　朝パンを食べます。

　　　　어디에서 소포를 받**아요**?　どこで[小包]を受け取りますか。

(2) 母音語幹 (母音が脱落するタイプ) の場合

　過去形のときと同じように、語幹最後の母音が以下の場合、母音아、
어が脱落します。

① 語幹最後の母音が ㅏ → **아が脱落**

　　가다 行く　가 + 아요 → **가요**(?)　行きます(か)

② 語幹最後の母音が ㅓ → **어が脱落**

　　서다 立つ　서 + 어요 → **서요**(?)　立ちます(か)

③ 語幹最後の母音が ㅕ → **어が脱落**

　　켜다 (電気などを)つける　켜 + 어요 → **켜요**(?)　つけます(か)

④ 語幹最後の母音が ㅐ → **어が脱落**

　　보내다 送る　보내 + 어요 → **보내요**(?)　送ります(か)

⑤ 語幹最後の母音が ㅔ → **어が脱落**

　　세다 数える　세 + 어요 → **세요**(?)　数えます(か)

　　例) 학교에 **가요**.　[学校]に行きます。

　　　　여기에 **서요**?　ここに立ちますか。

　　　　라디오를 **켜요**.　ラジオをつけます。

　　　　메일을 **보내요**.　メールを送ります。

　　　　돈을 **세요**.　お金を数えます。

（3）母音語幹（母音が合わさるタイプ）の場合

　過去形のときと同じように、以下の場合は母音が合わさります。

① 語幹最後の母音が ㅗ → **과요となる**

　　보다 見る　　보＋아요 → 보아요(?) / **봐요(?)** 見ます（か）

注意　오다 来る は過去形のときと同じく、縮約形 와요だけが使われる。

② 語幹最後の母音が ㅜ → **ㅝ요となる**

　　주다 あげる・くれる　　주＋어요 → 주어요(?)/ **줘요(?)** あげます（か）、くれます（か）

③ 語幹最後の母音が ㅣ → **ㅕ요となる**

　　마시다 飲む　　마시＋어요 → **마셔요(?)** 飲みます（か）

④ 語幹最後の母音が ㅚ → **ㅙ요となる**

　　되다 なる　　되＋어요 → 되어요(?) / **돼요(?)** なります（か）

　過去形と同じく、上の①②④の場合、縮約しない形も縮約形も使えます。縮約しない形は書き言葉で多く使われ、縮約形は話し言葉で多く使われます。③の場合も両方とも使うことができますが、書き言葉でも話し言葉でも通常は縮約形が使われます。

　例）녹차를 **마셔요**.　[緑茶]を飲みます。

　　　밤에는 드라마를 보아요 / **봐요**.　夜にはドラマを見ます。

　　　내일 우리 집에 친구가 **와요**.　明日私の家に友達が来ます。

（4）하다用言の場合

　하다（する）や공부하다（勉強する）などの하다用言は、他の用言と異なる形になります。

～하다　語幹の最後が**하** → 語幹に**여요**をつける → さらに**해요**と縮約

　　하다 する　　하＋여요 → 하여요 → **해요(?)** します（か）

例）일요일에는 뭘 **해요**?　[日曜日]は何をしますか。

　공원에서 운동**해요**.　[公園]で[運動]します。

(5) 指定詞이다、아니다の場合

　指定詞이다の해요体については実はすでに第4課で学習済みです(→4-4)。ここでもう一度復習しておきましょう。否定を表す指定詞の아니다は아니에요という形になり、他の用言とは異なりますので注意が必要です。

	文末の種類	パッチムなし	パッチムあり
이다	平叙文、疑問文	**예요**	**이에요**
가/이 아니다	平叙文、疑問文	**가 아니에요**	**이 아니에요**

例）"학생**이에요**?" "아니요, 저는 의사**예요**."

　　　　　　　　　　　　　「学生ですか。」「いいえ私は[医者]です。」

　오늘은 휴일**이 아니에요**?　今日は[休日]ではないですか。

練習 1 ··· 🔘**71**

　次の用言のタイプに気をつけて、해요体の形にしてみましょう。

① 놀다 遊ぶ ＿＿＿＿＿＿　② 닫다 閉める ＿＿＿＿＿

③ 만나다 会う ＿＿＿＿＿＿　④ 배우다 学ぶ ＿＿＿＿＿

⑤ 있다 いる・ある ＿＿＿＿＿

⑥ 기다리다 待つ ＿＿＿＿＿＿＿

⑦ 공부하다 勉強する ＿＿＿＿＿＿＿

⑧ 학생이 아니다 学生ではない ＿＿＿＿＿＿＿＿＿

練習2 ·· 🎧**71**

例のように、次の語を使って文を作りましょう。必要な助詞、語尾を補い、文末は해요体にすること。

例）빵/먹다（パンを食べます）→ 빵을 먹어요.

① 친구/만나다（友達に会います）→ _____

② 창문/닫다（窓を閉めますか）→ _____

③ 영화/보다（[映画] を見ます）→ _____

···

3. 해요体の過去形「ました (か)、でした (か)」＝語幹＋았/었어요

　해요体の過去形は第10、11課で学習した합니다体の過去形았습니다/었습니다の습니다を어요に替え、았어요、었어요となります。指定詞이다、아니다の場合も、이었습니다/였습니다、아니었습니다の습니다の部分を어요に替え、이었어요/였어요、아니었어요となります。

먹다（食べる）　먹었┌습니다（합니다体）
　　　　　　　　└**어요**＊（해요体）

注意　前が았でも었でも関係なく았/었の後には全て어요がつきます。

例）점심에 비빔밥을 **먹었어요**. 昼ご飯にビビンバを食べました。

　어제 학교에 안 **갔어요**. 昨日学校に行きませんでした。

　뭘 **마셨어요**? 何を飲みましたか。

　숙제를 했**어요**? [宿題] をしましたか。

　미나 씨는 학생**이었어요**? ミナさんは学生でしたか（だったのですか）。

　선생님이 **아니었어요**. 先生ではありませんでした。

120

練習3 ⋯⋯⋯⋯⋯⋯⋯⋯⋯⋯⋯⋯⋯⋯⋯⋯⋯⋯⋯⋯⋯ 🔘71

例のように、次の語を使って過去形の文を作りましょう。必要な助詞、語尾を補い、文末は해요体にすること。

例) 식당/점심/먹다 ([食堂]で昼食を食べました) → 식당에서 점심을 먹었어요

① 백화점/옷/사다 (デパートで服を買いました)

→ _____

② 어디/공부하다 (どこで勉強しましたか)

→ _____

③ 어제/맥주/마시다 (昨日ビールを飲みました)

→ _____

4. ○○に＝○○에게、○○から＝○○에게서

場所につく「に」に対応する助詞は에でした（→5-3）。しかし、韓国語では「誰々に」と人につく場合は에は使えず、에게を使います。また似た形で「誰々から」の「から」に相当する에게서があります。日本語と異なり、前につく名詞が場所の場合と人や動物の場合で助詞を使い分けなければならないので注意しましょう。

	場所	人
に	에	에게
から	에서	에게서

例) 어머니**에게** 편지를 보냈습니다. 母に手紙を送りました。

할머니**에게서** 선물을 받았어요. 祖母からプレゼントを受け取りました。

5. ○○と＝○○와/과、○○하고

　ここでは「〜と」に対応する助詞を学びます。와/과はパッチムの有無で使い分け、하고はパッチムの有無に関係なく使います。와/과は話し言葉と書き言葉で広く使うことができ、하고は主に話し言葉で使います。

パッチムなし	**와**	저**와** 私と　　언니**와** 姉と
パッチムあり	**과**	오늘**과** 今日と　　학생**과** 学生と
パッチム関係なし	**하고**	친구**하고** 友達と　　선생님**하고** 先生と

　例）저**와** 언니는 함께 살아요.　私と姉は一緒に暮らしています。

　　　오늘**과** 내일은 시험이 있습니다.　今日と明日は[試験]があります。

　　　친구**하고** 점심을 먹었어요.　友達と昼食を食べました。

練習4 ⋯⋯⋯⋯⋯⋯⋯⋯⋯⋯⋯⋯⋯⋯⋯⋯⋯⋯⋯⋯⋯⋯⋯⋯⋯ ◉**71**

　日本語の意味に合うように、次の空欄に当てはまる助詞を書き入れなさい。

① 여동생 _____ 연락했어요.　妹に[連絡]しました。

② 후배 _____ 메일이 왔어요.　[後輩]からメールが来ました。

③ 학교까지 전철 _____ 버스를 타요.　学校まで電車とバスに乗ります。

④ 슈퍼에서 야채 _____ 고기를 샀어요.
　　　　　　　　　　　　　　　　スーパーで[野菜]と肉を買いました。

第12課 会話

🔵72

次の会話を何度も発音してみましょう。また意味を確認しましょう。

① A: 이 과제는 언제까지 내요?

　　B: 다음 주 수요일이 마감이에요.

　　A: 수요일이에요? 아직 아무것도 안 했어요.

　　B: 오늘부터 시작하죠.

② A: 여름 방학 때 뭐 했어요?

　　B: 친구와 함께 한국에 여행을 갔어요.

　　A: 어디가 좋았어요?

　　B: 저는 경복궁과 명동이 아주 좋았어요.

③ A: 다 모였어요?

　　B: 아니요, 미나 씨가 아직 안 왔어요.

　　A: 미나 씨에게 전화했어요?

　　B: 네, 했어요. 그런데 안 받아요.

会話で注意する発音 🔵72

① 다음 주 [다음쭈]、안 했어요 [아내써요]、시작하죠 [시자카죠]

② 좋았어요 [조아써요] ③ 안 왔어요 [아놔써요]、전화했어요 [저놔해써요]

会話の単語

① 과제 : [課題]、 언제 : いつ、 내다 : 出す、 다음 주 : 来週、 수요일 : [水曜

日]、마감：締め切り、아직：まだ、아무것도：何も (後ろに否定が来る)、시작하다：始める、죠：〜ましょう

② 여름 방학：夏休み、때：時、뭐 하다：何をする、함께：一緒に、여행을 가다：旅行に行く (助詞을を使うので注意)、좋다：よい、경복궁：[景福宮] (朝鮮王朝の王宮)、명동：[明洞] (ソウルの繁華街)、아주：とても

③ 다：皆、모이다：集まる、전화하다：[電話] する、그런데：でも・ところで

> **会話訳**

① A: この課題はいつまでに出しますか。　B: 来週水曜日が締め切りです。

A: 水曜日ですか。まだ何もしていません。　B: 今日から始めましょう。

② A: 夏休みに何をしましたか。　B: 友達と一緒に韓国に旅行に行きました。

A: どこがよかったですか。　B: 私は景福宮と明洞がとてもよかったです。

③ A: みんな集まりましたか。　B: いいえ、ミナさんがまだ来ていません。

A: ミナさんに電話しましたか。　B: はい、しました。でも出ません（受け取りません）。

★発音規則　（8）ㅎ(히읗)の弱化・無音化　　🔘73

パッチムㄴ・ㄹ・ㅁの後にㅎで始まる文字が続くとき、ㅎは非常に弱く発音され、ほとんど母音に近い音になります。結果的にパッチムㄴ・ㄹ・ㅁと次の母音が連音化しているような発音になります。

パッチムㄴ・ㄹ・ㅁ ＋ ㅎ → パッチムㄴ・ㄹ・ㅁ ＋ **ほとんどなし**

　→ パッチムㄴ・ㄹ・ㅁ ＋ 母音（連音化）

例）전해요 **[저내요]** 伝えます　　　말해요 **[마래요]** 言います

　　암호 **[아모]** [暗号]　　　은행 **[으냉]** [銀行]

　　결혼하다 **[겨로나다]** [結婚]する　　　삼학년 **[사망년]** 3年生

また、パッチムㅎの後に母音が続くとき、以下のようにㅎの音は発

124

音しません。

パッチム ㅎ + 母音 → **なし** + 母音

例）좋아요 [**조**아요] いいです　　놓아요 [**노**아요] 置きます

★単語の整理　　いろいろな接続詞　　　　　　　　　　　🔘 74

그리고	그러나	그런데	그렇지만	하지만	그래도
そして・それで	しかし	でも・ところで	しかしながら	でも	それでも

그래서	그러니까
だから	だから・そのため

ま と め の 練 習 ……………………………………………………… 🔘 75

1 次の語を使って文を作ってみましょう。必要な助詞、語尾を補い、語尾
は해요体にし、数字はハングルに直すこと。

① 매일/6시/일어나다　　毎日6時に起きます。

_____

② 학교/45분/걸리다　　学校まで45分かかります。

_____

③ 공원/놀다　　公園で遊びます。

_____

④ 아침/7시/출발하다　　朝7時に[出発]しました。

_____

2 次の語を使って文を作ってみましょう。必要な助詞、語尾を補い、
語尾は해요体にすること。

① 오빠/전화하다　　　　兄に電話しました。

_____

② 친구/선물/받다　　　　友達からプレゼントをもらいました。

_____

③ 커피/홍차/시키다　　　コーヒーと[紅茶]を注文します。

_____

3　次の日本語を韓国語に直してみましょう。文末は해요体にすること。

① 月曜日 (월요일) と水曜日に授業があります。

_____

②「昨日何を (뭘)*しましたか。」「学校で友達と勉強しました。」

　　　　　　　　　　　　　　　　*뭘は무엇을の縮約形。

_____

③ 母 (어머니) にメールを送りました。

_____

④ 会社から連絡*(연락)をもらいました。

　　　　　　　　　　*会社は人ではないことに注意。

_____

▶この課の内容を理解できていたらチェックしましょう。できてい
ない部分はもう一度テキストの該当部分に戻って確認してください。

□　해요体と합니다体の違い　　　　□　해요体の作り方
□　해요体の過去形の作り方
□　「(人・動物) に、から」の表現　　□　「〇〇と」の表現

❖❖❖❖❖❖❖❖❖❖❖❖❖❖❖❖❖❖❖❖❖❖❖❖❖❖❖❖

第⑬課　尊敬形

❖❖❖❖❖❖❖❖❖❖❖❖❖❖❖❖❖❖❖❖❖❖❖❖❖❖❖❖

この課で学ぶこと

1. 尊敬形「お〜になります」＝語幹＋십니다/으십니다、세요/으세요

　　영화를 보십니까/보세요?　［映画］をご覧になりますか。

2. 尊敬形の過去「お〜になりました」
　　＝語幹＋셨습니다/으셨습니다、셨어요/으셨어요

　　영화를 보셨습니까/보셨어요?　映画をご覧になりましたか。

3. 特殊な尊敬形の使い方

第12課の復習　　　　　　　　　　　　　　🔘 76

　次の日本語を韓国語に直しましょう。文末は해요体にすること。

① 家から学校まで何分かかりますか。

② 土曜日と日曜日に公園で運動しました。

③ 母にプレゼントを送りました。

1. 尊敬形「お〜になります」
＝語幹＋십니다/으십니다、세요/으세요

　ここでは韓国語の尊敬形を学びます。日本語の敬語はある程度大人に
なってから身につける人が多いですが、韓国では幼いころから家庭や幼
稚園などで大人から教わります。また日本語では丁寧形「です・ます」
で対応できる場面も多いですが、韓国語では目上の人にはほぼ必ず尊敬
形を使って会話をします。そのため尊敬形は韓国社会で生活するうえで

非常に重要なものと言えます。また家族や身内に対して目上の人には敬
語を使うという点も、現代の日本語とは異なります。

　尊敬形は、語幹の種類によって語尾の形が違います。また、합니다
体の場合は、用言の語幹に尊敬の接辞시/으시がつき、ㅂ니다、ㅂ니까
が続きますが、해요体の場合は語幹に세요/으세요という形がつきま
す。なお、目上の人に関することを言う場合、形容詞も尊敬形になりま
すので注意しましょう。

	母音語幹	ㄹ語幹	子音語幹
합니다体（叙述） （疑問）	語幹＋**십니다** ＋**십니까**	語幹（ㄹ脱落）＋**십니다** ＋**십니까**	語幹＋**으십니다** **으십니까**
해요体	語幹＋**세요**	語幹（ㄹ脱落）＋**세요**	語幹＋**으세요**

오다 来る　　母音語幹 오＋⌈ **십니다、십니까 → 오십니다、오십니까**
　　　　　　　　　　　　⌊ **세요 → 오세요(?)** 来られます、来られますか

알다 知る　　ㄹ語幹 아（ㄹ脱落）＋⌈ **십니다、십니까 → 아십니다、아십니까**
　　　　　　　　　　　　　　　　⌊ **세요 → 아세요(?)** ご存知です、ご存知ですか

닫다 閉める　子音語幹 닫＋⌈ **으십니다、으십니까 → 닫으십니다、닫으십니까**
　　　　　　　　　　　　⌊ **으세요 → 닫으세요(?)** お閉めになります、お閉めになりますか

例）선생님이 교실에 오**십니다**/오**세요**.　先生が[教室]にいらっしゃいます。

　　아라이 씨를 아**십니까**/아**세요**?　荒井さんをご存知ですか。

　　창문을 닫**으십니까**/닫**으세요**?　窓をお閉めになりますか。

　指定詞이다、아니다の尊敬形も母音語幹と同じように作りますが、
名詞の最後にパッチムがない場合は이다の語幹이が省略されることが
多いです。

例）아드님은 학생이**십니까/이세요**?　息子さんは[学生]でいらっしゃいますか。

김 선생님이 아니**십니까/아니세요**?　（もしかして）金先生ではございませんか。

다나카 씨**세요**?（이の省略）　田中さんでいらっしゃいますか。

민수 어머니**십니까**?（이の省略）　ミンスのお母さんでいらっしゃいますか。

練習1 ··· ◎77

次の動詞・形容詞を括弧内の意味に合うように尊敬の疑問形にし、文を完成させましょう。文末は합니다体と해요体の２種類で言ってみましょう。

① 바쁘다（お忙しいですか）

_____

② 어디에 살다（どこにお住まいですか）

_____

③ 한복을 입다（[韓服]を着られますか）

_____

④ 민수 씨 아버님이다（ミンスさんのお父様でいらっしゃいますか）

_____

··

2. 尊敬形の過去「お〜になりました」

＝語幹＋셨습니다/으셨습니다、셨어요/으셨어요

尊敬形を過去の形にするときは、用言語幹に셨/으셨（尊敬の시/으시と過去の었が縮約された形）がつき、さらに합니다体では ㅂ니다、ㅂ니까、해요体では어요が続きます。この場合も、語幹の種類によって続く形が変わります。指定詞이다、아니다は母音語幹と同じ形になりますが、이다は現在形と同様に名詞の最後にパッチムがない場合이が省略されることが多いです。

	母音語幹	ㄹ語幹	子音語幹
합니다体（叙述） （疑問）	語幹＋**셨습니다** ＋**셨습니까**	語幹（ㄹ脱落）＋**셨습니다** ＋**셨습니까**	語幹＋**으셨습니다** **으셨습니까**
해요体	語幹＋**셨어요**	語幹（ㄹ脱落）＋**셨어요**	語幹＋**으셨어요**

오다 来る　母音語幹 → **오셨습니다、오셨습니까**/**오셨어요**(?)

お越しになりました、お越しになりましたか

알다 知る　ㄹ語幹 → **아셨습니다、아셨습니까**/**아셨어요**(?)

ご存知でした、ご存知でしたか

닫다 閉める　子音語幹 → 닫**으셨습니다、**닫**으셨습니까**/닫**으셨어요**(?)

お閉めになりました、お閉めになりましたか

例）선생님은 어제 **오셨습니다**/**오셨어요.**　　先生は昨日お越しになりました。

김치를 만드**셨습니까**/만드**셨어요?**　　キムチをお作りになりましたか。

저를 찾**으셨습니까**/찾**으셨어요?**　　私をお探しになりましたか。

작년에 학생이**셨습니까**/이**셨어요?**　　昨年学生でいらっしゃいましたか。

練習2 .... ◉**77**

　次の動詞・形容詞を括弧内の意味に合うように尊敬の過去形にし、文を完成させましょう。文末は합니다体と해요体の2種類で言うこと。

① 어제는 바쁘다（昨日はお忙しかったですか）

_____

② 사진을 찍다（[写真]をお撮りになりましたか）

_____

③ 그 뉴스를 언제 알다（そのニュースをいつお知りになりましたか）

_____

....

3. 特殊な尊敬形・謙譲形の使い方

　日本語には「食べる」と「召し上がる」のように、元の動詞と尊敬形が異なるものがあります。同じように韓国語でも尊敬や謙譲を表す特殊な語（動詞、存在詞、名詞、助詞）があります。

（1）用言

　特殊な尊敬形はすでに尊敬の意味を持っているため、尊敬の接辞시/으시をつけることはできません。합니다体の場合は ㅂ니다をつけ、해요体の場合は基本形の시다の部分を세요に替えます。過去形は普通の過去形を作る場合と同じように었습니다、었어요をつけます（縮約します）。

　먹다　食べる → 드시다*　召し上がる

　　　　　　　　드십니다（○）　　드시십니다（×）　召し上がります

　　　　　　　　드세요（○）　　　드시세요（×）

＊먹다に接辞으시をつけた먹으십니다という形は、普通は使いません。

以下がよく使われる動詞、存在詞の特殊な尊敬形・謙譲形です。

　먹다　食べる、마시다　飲む → **드시다、잡수시다**　召し上がる

　있다　いる → **계시다**　いらっしゃる

　　　（目上の人に関する物・事柄に関しては）**있으시다**　おありになる

　말하다　話す → **말씀하시다**　お話になる　　**말씀드리다**　申し上げる（謙譲形）

　자다　寝る → **주무시다**　お休みになる

　죽다　死ぬ → **돌아가시다**　亡くなる

　주다　あげる → **드리다**　差し上げる（謙譲形）

（2）名詞

名詞の尊敬形・謙譲形は以下の通りです。

밥　ご飯、食事 → **진지**　お食事　　말　言葉、話 → **말씀**　お言葉、お話

나　私 → **저**　わたくし　　우리　私たち、うちの → **저희**　わたくしたち、わたくしの

이름　名前 → **성함**　お名前　　나이　歳 → **연세**　お歳

名前と年齢は聞き方も特殊なので、フレーズで覚えておきましょう。

성함이 어떻게 되십니까?/되세요?　お名前は何とおっしゃいますか。

연세가 어떻게 되십니까?/되세요?　お歳はおいくつでいらっしゃいますか。

（3）助詞

助詞にも以下のように尊敬形があります。助詞の場合は必ず使わなければならないものではありませんが、使うことでより丁重な言葉遣いになります。

가/이　が → **께서**　　할아버지**께서** 오늘 저희 집에 오십니다.

　　　　　　　　　おじいさんが今日私の家にいらっしゃいます。

는/은　は → **께서는**　할머니**께서는** 연세가 어떻게 되세요 ?

　　　　　　　　　おばあさんはおいくつでいらっしゃいますか。

에게　（人）に → **께**　선생님**께** 메일을 드렸습니다.

　　　　　　　　　先生にメールを差し上げました。

練習3 .... ◉**77**

例のように、次の語を使って文を作りましょう。必要な助詞、語尾を補い、特殊な尊敬形に替え、文末は합니다体にすること。

例）점심/먹다（昼食を召し上がりますか）→ 점심을 드십니까?

① 할아버지/어디/있다 (おじいさんはどこにいらっしゃいますか)

→ _____

② 어제/몇 시/자다 (昨日は何時にお休みになりましたか)

→ _____

③ 어머니/생일 선물/주다 (母に誕生日プレゼントを差し上げます)

→ _____

第13課 会話

💿 78

次の会話を何度も発音してみましょう。また意味を確認しましょう。

① A: 한국에 언제 오셨어요?

B: 작년에 왔습니다.

A: 한국말, 정말 잘하세요.

B: 아니요, 아직 멀었어요.

② A: 한국 음식 자주 드세요?

B: 네, 거의 매일 먹어요.

A: 매운 음식도 좋아하세요?

B: 네, 김치찌개, 닭갈비, 다 좋아합니다.

③ A: 저기요. 혹시, 다나카 선생님이 아니세요?

B: 네, 김수진 선생님이세요?

A: 네, 오래 기다리셨습니까?

B: 아니요, 방금 전에 왔습니다.

会話で注意する発音　　　　　　　　　　　　　　　🎧78

① 작년에 [장녀네]、한국말 [한궁말]、잘하세요 [자라세요]、아직 멀었어요 [아징머러써요]　② 거의 [거이]、좋아하세요 [조아하세요]、닭갈비 [닥깔비]

会話の単語

① 한국 : [韓国]、언제 : いつ、작년 : [昨年]、한국말 : 韓国語、정말 : 本当に、잘하다 : 上手だ、아직 : まだ、멀다 : 遠い（ここでは아직 멀었어요で「まだまだです」という意味）

② 한국 음식 : 韓国料理、자주 : よく・頻繁に、거의 : ほとんど、매일 : [毎日]、매운 음식 : 辛い料理、좋아하다 : 好む・好きだ、김치찌개 : キムチチゲ（料理名）、닭갈비 : タッカルビ（料理名）、다 : みんな・全て

③ 저기요 : あのう、혹시 : もしかして・もしや、오래 : 長い間、기다리다 : 待つ、방금 : ほんの少し（前）、전 : [前]

会話訳

① A: 韓国にいついらしたのですか。　B: 昨年来ました。
A: 韓国語、本当にお上手です。　B: いいえ、まだまだです。

② A: 韓国料理、よく召し上がりますか。　B: はい、ほとんど毎日食べます。
A: 辛い料理もお好きですか。　B: はい、キムチチゲ、タッカルビ、全部好きです。

③ A: あのう。もしや田中先生ではございませんか。　B: はい、キム・スジン先生でいらっしゃいますか。　A: はい、長く待たれましたか。　B:いいえ、少し前に来ました。

★**単語の整理**　　その他の尊敬や謙譲を表す語　　　　🎧79

여쭙다	모시다	뵙다	댁	아버님	어머님
伺う	お連れする	お目にかかる	お宅	お父様	お母様

아드님	따님	부모님
息子さん	娘さん	ご両親

まとめの練習 ……………………………………………………………… 🎧80

1　次の語を使って尊敬形の文を作ってみましょう。必要な助詞、語尾を補い、必要に応じて用言を特殊な尊敬形に替え、助詞も尊敬形にすること。指示がなければ文末は해요体にすること。

① 선생님/교실/있다　　　　先生は教室にいらっしゃいます。
_____

② 내일/바쁘다　　　　　　明日はお忙しいですか。
_____

③ 다나카 선생님　　　　　田中先生でいらっしゃいますか。（합니다体で）
_____

④ 신청서/받다　　　　　　[申請書] をお受け取りになりますか。
_____

⑤ 할아버지/제 옆 방/자다　おじいさんは私の隣の部屋でお休みになります。
_____

2　次の語を使って尊敬形の過去形の文を作ってみましょう。必要な助詞、語尾を補い、数字はハングルに直し、文末は해요体にすること。

① 미국/영어/배우다　　　　アメリカ [英語] を学ばれたのですか。
_____

② 한국 드라마/보다　　　　韓国ドラマをご覧になりましたか。
_____

③ 2시/3시/쉬다　　　　　　2時から3時までお休みになりました。

_____

④ 매일/한국어 발음/연습하다 [연스파다]

　　　　　　　　毎日[韓国語] の [発音] を [練習] なさいましたか。

_____

③　次の日本語を韓国語に直してみましょう。指示がなければ文末は해요体にし、助詞も尊敬形にすること。

① 「何をお探しですか。」「韓国語の辞書 (사전) を探しています (探します)。」

_____

② 先生は何時に学校に来られますか。(합니다体で)

_____

③ おばあさん (할머니) に手紙を差し上げました。

_____

④ この本、お読みになりましたか。

_____

⑤ 母はお菓子 (과자) をお作りになりました。

_____

▶この課の内容を理解できていたらチェックしましょう。できていない部分はもう一度テキストの該当部分に戻って確認してください。

☐　**尊敬形**
☐　**尊敬形の過去**
☐　**特殊な尊敬形の使い方**

第14課　丁寧な依頼・禁止、複合表現

この課で学ぶこと

1. 丁寧な依頼表現「てください」＝語幹＋세요/으세요

　여기서 기다리세요. ここでお待ちください。

2. 禁止表現「ないでください」＝語幹＋지 마세요

　손 대지 마세요. 手を触れないでください。

3. 複合表現「たい」＝語幹＋고 싶다

　점심을 먹고 싶습니다. 昼食を食べたいです。

4. 複合表現「ている」＝語幹＋고 있다

　지금 뭐 하고 있어요? 今何をしていますか。

第13課の復習　　　　　　　　　　　　　　　　　　　　　🎧 **81**

　次の日本語を韓国語に直しましょう。

① 何をお探しですか。（해요体で）

② キム先生ではございませんか。（합니다体で）

③ 昨日韓国料理を召し上がりましたか。（해요体で）

1. 丁寧な依頼表現「てください」＝語幹＋세요/으세요

　第13課で学習した尊敬の해요体세요/으세요は、同じ形で丁寧な依頼表現「～てください」という意味でも使われます。

　가다 行く　　母音語幹 가 + **세요** → 가세요 いらしてください

　만들다 作る　　ㄹ語幹 만드 (**ㄹ脱落**) + **세요** → 마드세요 作ってください

받다 受け取る　　子音語幹 받 + **으세요 → 받으세요** お受け取りください

例）3시까지 학교 앞에 **오세요**.　　3時までに［学校］の前にいらしてください。

　　　이 문은 미**세요**.　　このドアは押してください。（밀다：押す）

　　　무대에서 이 옷을 입**으세요**.　　［舞台］でこの服をお召しください。

　드시다（召し上がる）や주무시다（お休みになる）のような特殊な尊敬形の場合も、同じように依頼表現として使われます。

例）많이 **드세요**.　　たくさんお召し上がりください。

　　　여기에 **계세요**.　　ここにいらしてください。

・広告や掲示物では、語幹＋십시오/으십시오という합니다体の表現も使われます。

　　휴지통에 버리십시오.　　ゴミ箱に捨ててください。

　　설탕을 넣으십시오.　　砂糖を入れてください。

練習1 ·· 🔘**82**

　次の語を使い必要な助詞や語尾を補って「〜てください」という丁寧な依頼の文にしましょう。

① 책/많이/읽다（本をたくさんお読みください）

　→ _____

② 커피/마시다（コーヒーをお召し上がりください）

　→ _____

③ 교실/안/기다리다（［教室］の中でお待ちください）

　→ _____

··

2. 禁止表現「ないでください」＝語幹＋지 마세요

「～（し）ないでください」という丁寧な禁止を表す場合、지 마세요という表現を使います。この지 마세요は動詞の語幹の種類に関係なく常に同じ形が接続します。

먹다 食べる　　먹＋**지 마세요** → 먹**지 마세요** 食べないでください

例）손 대**지 마세요**. 手を触れないでください。

　　방에 들어오**지 마세요**. 部屋に入らないでください。

　　그렇게 웃**지 마세요**. そんなに笑わないでください。

• 広告や掲示物では、語幹＋지 마십시오という합니다体の表現も使われます。

　　쓰레기를 버리지 마십시오. ゴミを捨てないでください。

練習2 ·· 🔘 82

例のように、次の語を使って日本語の意味に合うように文を作りましょう。必要な助詞、語尾を補うこと。

例）음식/먹다（食べ物を食べないでください） → 음식을 먹지 마세요.

① 물/마시다（水を飲まないでください）

→ _____

② 약속/잊다（[約束] を忘れないでください）

→ _____

③ 교실/떠들다（教室で騒がないでください）

→ _____

3. 複合表現「たい」＝語幹＋고 싶다

　動詞の語幹に고 싶다という形をつなげると「～（し）たい」という希望を表す意味になります。この고は語幹の種類に関係なく接続します。また싶다は形容詞と同じように活用し、합니다体は싶습니다/싶었습니다、해요体は싶어요/싶었어요のようになります。

　먹다 食べる　먹＋**고 싶다** → 먹**고 싶습니다**、먹**고 싶어요**　食べたいです

　例）저는 지금 점심을 먹**고 싶습니다**.　　私は今昼食を食べたいです。

　　　한국 소설을 읽**고**[일꼬] **싶어요**.　　韓国の[小説] を読みたいです。

　　　어디 가**고 싶어요?**　どこ(に) 行きたいですか。

　　　그 때 바다가 보**고 싶었어요**.　　あの時海が見たかったです。

　日本語では「～が～（し）たい」「～を～（し）たい」、どちらの表現も可能な場合が多いですが、韓国語では、通常가/이は使えず、～를/을 ～고 싶다と言います。ただし、보다(見る)、듣다(聞く)、알다(知る、わかる) などでは가/이を使うこともあります。

練習3 ··· ⊙**82**

　次の文を고 싶다を使って日本語の意味に合う文にしましょう。文末は합니다体、해요体の両方で言ってみましょう。

① 서울에 가다 (ソウルに行きたいです)

_____

② 중국어를 공부하다 ([中国語] を勉強したいです)

_____

③ 뭘 먹다 (何を食べたいですか)

_____

4. 複合表現「ている」=語幹＋고 있다

　動詞の語幹に고 있다という形をつなげると「～ている」という意味になり、動作の進行や反復する動作を表します。先ほどの고 싶다と同じように動詞の語幹の種類に関係なく接続することができます。目上の人のことについて言う場合は、고 있다の있다の部分を特殊な尊敬形の계시다にして尊敬の意味を表します。

　보다 見る　　보+고 있다 → 보고 있습니다、보고 있어요　　見ています

　　　　　　　　고 계시다 → 보고 계십니다、보고 계세요

ご覧になっています

例）지금 뭐 하고 있어요?　今何をしていますか。

　　동생과 게임을 하고 있어요.　弟とゲームをしています。

　　작년에는 매일 연속극을 보고 있었습니다.

[昨年]は[毎日]連続ドラマを見ていました。

　　아버지는 지금 음악을 듣고 계십니다.

父は今[音楽]を聴いていらっしゃいます。

練習4 ··· ◉82

　次の文을 고 있다を使って「～（し）ています」という文にしましょう。文末は합니다体、해요体の両方で言ってみましょう。

① 친구하고 통화하다 （友達と[通話]する）

_____

② 공원에서 놀다 （[公園]で遊ぶ）

_____

③ 할아버지는 텔레비전을 보다 （祖父はテレビを見る）（文末は尊敬形を使う）

_____

第14課

次の会話を何度も発音してみましょう。また意味を確認しましょう。

① A: 내일 9(아홉)시까지 학교 앞에 모이세요. 우리
　　 9시 반에 출발해요.

　 B: 뭐가 필요해요?

　 A: 도시락, 음료수, 우산을 준비하세요. 그리고
　　 편한 옷을 입으세요.

　 B: 네, 알겠습니다.

② A: 수업이 끝났어요!

　 B: 옆 교실은 아직 수업 중이에요. 떠들지 마세요.

③ A: 미나 씨, 오래간만이에요. 그런데, 이 공원에
　　 서 뭘 하고 있어요?

　 B: 저는 여기서 매일 운동하고 있어요. 다이어트
　　 를 하고 싶어요.

　 A: 저도 하고 싶어요. 우리 같이 해요.

会話で注意する発音　　　　　　　　　　　　　　83

① 출발해요 [출바래요]、음료수 [음뇨수]、편한 [펴난]、알겠습니다
[알게씀니다]　② 끝났어요 [끈나써요]　③ 같이 [가치]

会話の単語

① 앞：前、 모이다：集まる、 출발하다：[出発]する、 뭐：何（무엇の縮約形）、 필요하다：[必要]だ、 도시락：弁当、 음료수：飲み物、 우산：傘、 준비하다：[準備]する、 그리고：そして、 편한 옷：楽な服、 입다：着る、 알겠습니다：わかりました

② 수업：[授業]、 끝나다：終わる、 옆：隣、 교실：教室、 중：[中]、 떠들다：騒ぐ

③ 오래간만이다：久しぶりだ、 그런데：ところで、 뭘：何を（무엇을の縮約形）、 여기서：ここで（여기에서の縮約形）、 운동하다：[運動]する、 다이어트：ダイエット、 우리：私たち、 같이：一緒に、 해요：しましょう

会話訳

① A：あした9時までに学校の前に集まってください。私たち9時半に出発します。　B：何が必要ですか。　A：お弁当、飲み物、傘を準備してください。そして楽な服を着てください。　B：はい、わかりました。

② A：授業が終わりました！　B：隣の教室はまだ授業中です。騒がないでください。

③ A：ミナさん、お久しぶりです。ところで、この公園で何をしているのですか。　B：私はここで毎日運動しています。ダイエットをしたいです。　A：私もしたいです。私たち一緒にしましょうよ。

★発音規則　（9）２文字パッチム（3）子音が続くとき　🎵84

　２文字のパッチムに子音が続くときは、２つのパッチムのどちらか一方だけを発音します。種類によって、右のパッチムを発音するときと左のパッチムを発音するときがあります。

　左のパッチムを発音するタイプには以下のものがあります。

ᆹ	없다 [**업**따] ない、값도 [**갑**또] 値段も
ᆬ	앉다 [**안**따] 座る、앉습니다 [**안**씀니다] 座ります
ᆲ*	넓다 [**널**따] 広い、넓습니다 [**널**씀니다] 広いです

＊ただし、밟다 (踏む) は後ろの子音ㅂを発音します。　밟다 [밥따]

右のパッチムを発音するタイプ

ᆰ*	읽다 [**익**따] 読む、읽습니다 [**익**씀니다] 読みます

＊ただし、後ろにㄱで始まる語尾が来るとㄹを発音します。　읽고 [일꼬] 読んで

ᆱ	젊다 [**점**따] 若い、젊습니다 [**점**씀니다] 若いです

★**単語の整理**　　学校生活に関する語　　🔘**85**

수업	강의	교실	교시	교과서	시험	숙제
[授業]	[講義]	[教室]	～時限目	[教科書]	[試験]	[宿題]

리포트	예습	복습	휴강	방학	학점
レポート	[予習]	[復習]	[休講]	（学校の）長期休み	単位

입학	졸업
[入学]	[卒業]

144

まとめの練習 ⋯⋯⋯⋯⋯⋯⋯⋯⋯⋯⋯⋯⋯⋯⋯⋯⋯⋯⋯⋯⋯ 🔵86

① 次の語を使って文を作ってみましょう。必要な助詞、語尾を補うこと。

① 서류/거기서*/받다　　　　　[書類] はそこでお受け取りください。
　　　　　　　　　　　　　　　　*거기서는 거기에서의 縮約形。

② 역/버스/타다　　　　　　　[駅] まではバスにお乗りください。

③ 오늘/여기서*/주무시다　　　今日はここでお休みください。
　　　　　　　　　　　　　　　　*여기서는 여기에서의 縮約形。

④ 수업 시간/자다　　　　　　授業[時間] に寝ないでください。

⑤ 이 건물 안/음식/드시다　　この[建物]の中では食べ物を召し上がらないでください。

② 次の語を使って文を作ってみましょう。必要な助詞、語尾を補い、
　 文末は해요体にすること。

① 내일/일찍/학교/가다　　　明日は早く学校に行きたいです。

② 아이들/공원/놀다　　　　子どもたちが 公園で遊んでいます。

③ 일요일/친구/만나다　　　[日曜日] に友達に会いたいです。

④ 미국/영어/공부하다　　　　　アメリカで [英語] を勉強したいですか。

_____

⑤ 매일/한국 음악/듣다　　　　　毎日[韓国] の[音楽] を聴いています。

_____

③　次の日本語を韓国語に直してみましょう。

① 11時に教室に来てください。

_____

② 図書館の前でお待ちください。

_____

③ 明日の約束 (약속) を忘れないでください。

_____

④ 金曜日には早く (일찍) 寝たいです。

_____

⑤ 今日は一日中 (하루 종일) 家で宿題をしています。

_____

▶この課の内容を理解できていたらチェックしましょう。できていない部分はもう一度テキストの該当部分に戻って確認してください。

- ☐　**丁寧な依頼「てください」の表現**
- ☐　**禁止「ないでください」の表現**
- ☐　**複合表現「たい」の形**
- ☐　**複合表現「ている」の形**

第15課　まとめと復習

この課で学ぶこと

1. 発音規則のまとめ
2. 助詞のまとめ
3. 합니다体、해요体のまとめ
4. 否定文のまとめ
5. 尊敬形と丁寧な依頼表現のまとめ
6. 禁止表現、複合表現のまとめ
7. 数詞・助数詞のまとめ

　この課ではこれまで学習した項目について復習します。復習問題に挑戦しながら理解できているかどうか確認しましょう。理解が不十分なところは該当箇所に戻ってもう一度確認しましょう。

1. 発音規則のまとめ

復習問題1 .... 🔘87

　次の語の発音として最もふさわしいものをa-cの中から選びましょう。

① 학년 [学年] ・〜年生　　a. [항년]　　b. [한년]　　c. [함년]

② 같이 一緒に　　a. [가티]　　b. [가지]　　c. [가치]

③ 합니까 しますか　　a. [함니까]　　b. [한니까]　　c. [항니까]

④ 입학 [入学]　　a. [이박]　　b. [이빡]　　c. [이팍]

⑤ 끝나다 終わる　　a. [끙나다]　　b. [끈나다]　　c. [끄난다]

⑥ 좋다 よい　　a. [조따]　　b. [조다]　　c. [조타]

ある条件のとき、ハングルと発音が一致しない場合がありました。
①③⑤は鼻音化、④⑥は激音化、②は口蓋音化が起こる場合です。

1）鼻音化（第4課、第6課）

　パッチムㅂ(ㅍ) ＋ ㄴ・ㅁ(初声)→ **ㅁ** ＋ ㄴ・ㅁ

　　　③ 합니까 → 함니까（番号は復習問題に対応）

　パッチムㄷ(ㅅ・ㅆ・ㅌ・ㅎなど) ＋ ㄴ・ㅁ(初声)→ **ㄴ** ＋ ㄴ・ㅁ

　　　⑤ 끝나다 → 끈나다

　パッチムㄱ(ㄱ・ㄲ) ＋ ㄴ・ㅁ(初声)→ **ㅇ** ＋ ㄴ・ㅁ

　　　① 학년 → 항년

2）激音化（第7課）

　パッチムㄱ・ㄷ・ㅂ・ㅈ ＋ ㅎ(初声)→ **ㅋ・ㅌ・ㅍ・ㅊ**

　　　　　　　　　　　　　　　④ 입학 → 이팍

　パッチムㅎ ＋ ㄱ・ㄷ・ㅈ(初声)→ **ㅋ・ㅌ・ㅊ**　　⑥ 좋다 → 조타

3）口蓋音化（第8課）

　パッチムㄷ＋이 → **[지]**　　パッチムㅌ＋이 → **[치]**　　② 같이 → 가치

　その他、パッチムㄴ(ㄹ) の後にㄹ(ㄴ) が続く場合、**[ㄹㄹ]** と発音する側音化（第11課）もあります。

［復習問題2］ ·· ◉**88**

　次の語の発音として最もふさわしいものをa-cの中から選びましょう。

① 많다 多い　　　a. [만다]　　　b. [만다]　　　c. [만타]

② 읽어요 読みます　a. [이거요]　　b. [일거요]　　c. [이러요]

③ 좋아요 よいです　a. [조아요]　　b. [조하요]　　c. [조나요]

④ 없다 ない・いない　a. [얻따]　　b. [업싸]　　c. [업따]

⑤ 전화 [電話]　　　　a. [전놔]　　　b. [저놔]　　　c. [저화]
⑥ 싫어요 嫌いです　　a. [시러요]　　b. [시허요]　　c. [실허요]
⑦ 앉습니다 座ります　a. [안씀니다]　b. [안즘니다]　c. [안씀니다]

....

　パッチムが2文字の場合、その種類や後に続く音によって、発音の仕方が違いました。

4）2文字パッチムの発音
(1) ㅎを含むもの（第9課）
　　パッチム ㄶ + ㄱ・ㄷ・ㅂ・ㅅ → パッチム ㄴ + ㅋ・ㅌ・ㅍ・ㅊ
　　　① 많다 → [만타]
　　パッチム ㅀ + ㄱ・ㄷ・ㅂ・ㅅ → パッチム ㄹ + ㅋ・ㅌ・ㅍ・ㅊ
　　パッチム ㄶ・ㅀ + ㄱ・ㄷ・ㅂ・ㅅ以外の子音、母音
　　　→ ㄴ・ㄹ + 子音・母音　　⑥ 싫어요 → [시러요]
　　　ただし、ㄶ、ㅀの後に습니다がつく場合はㅎは発音せずㅅは濃
　　　音となり싫습니다 [실씀니다]のように発音します。
(2) 母音が続くとき（第10課）
　　パッチム ㄹㄱ + 母音 → パッチム ㄹ + ㄱ + 母音(連音化)
　　　② 읽어요 → [일거요]
　　パッチム ㅄ + 母音 → パッチム ㅂ + ㅅ +母音(連音化)
(3) 子音が続くとき（第14課）
　　　2文字のパッチムに子音が続くときは、2つのパッチムのどちら
　　　か一方だけを発音します。種類によって、右のパッチムを発音する
　　　ときと左のパッチムを発音するときがあります。
　• 左のパッチムを発音するタイプ
　　ㅄ　없다 [업따] ない、ㄵ　앉다[안따] 座る、ㄼ　넓다[널따] 広い

④ 없다 → [업따]　　⑦ 앉습니다→[안씀니다]

• 右のパッチムを発音するタイプ

ᆰ　읽다 [익따] 読む、ᆲ　젊다 [점따] 若い

5）ㅎの弱化・無音化（第12課）

パッチムㄴ・ㄹ・ㅁ ＋ ㅎ → パッチムㄴ・ㄹ・ㅁ ＋ **ほとんどなし**

　　→ **パッチムㄴ・ㄹ・ㅁ ＋ 母音（連音化）**　　⑤ 전화 → [저놔]

パッチムㅎ ＋ 母音 → **なし** ＋ 母音　　③ 좋아요 → [조아요]

2. 助詞のまとめ

　ここまでに出てきた助詞を以下の表でもう一度確認しましょう。日本語と異なり、前に来る単語の最後にパッチムがあるかどうかで形が異なるものがありますので注意が必要でしたね。また日本語の「に」「で」「から」「と」に相当する助詞は用法や使う場面によって種類が分かれていますので用法をしっかり確認しましょう。

日本語	韓国語	
	パッチムなし	パッチムあり
は	는	은
が	가	이
を	를	을
に	에	
〈人・動物〉に	에게	
〈場所〉で	에서	
〈方法・手段〉で	로 (ㄹパッチムも)	으로

日本語	韓国語	
	パッチムなし	パッチムあり
〈場所〉から	에서	
〈時間〉から	부터	
〈人・動物〉から	에게서	
まで	까지	
も	도	
と	와	과
と（話し言葉で）	하고	

150

3. 합니다体、해요体のまとめ

1）합니다体（現在形）（第5〜8課）

復習問題3 ·· 🎵 89

　次の語を使って会話を完成させましょう。必要な助詞を補い、文末は
합니다体にすること。

① A: 어디/점심/먹다（どこで昼食を食べますか）

　　B: 식당/먹다（[食堂]で食べます）

② A: 집/역/어떻게 가다（家から[駅]までどうやって行きますか）

　　B: 자전거/가다（[自転車]で行きます）

③ A: 다로 씨/알다（太郎さんを知っていますか）

　　B: 네/제/친구/이다（はい、私の友達です）

···

　①は子音語幹の動詞、②は母音語幹の動詞、③はㄹ語幹の動詞の例
です。

語幹の最後 （語幹の種類）	합니다体（叙述） （疑問）	例	です・ます ですか・ますか
パッチムなし （母音語幹）	語幹＋ㅂ니다 ㅂ니까?	가다 行く	갑니다 갑니까?
ㄹパッチム （ㄹ語幹）	語幹（ㄹ脱落）＋ㅂ니다 ㅂ니까?	알다 知る	압니다 압니까?
パッチムあり （子音語幹）	語幹＋습니다 습니까?	먹다 食べる	먹습니다 먹습니까?

2）합니다体（過去形）（第10、11課）

[復習問題4] .... ◎**90**

　次の語を使って会話を完成させましょう。必要な助詞を補い、文末は合니다体にすること。

① A: 우체국/무엇/보내다（郵便局で何を送りましたか）

　 B: 친구/선물/보내다（友達にプレゼントを送りました）

② A: 일요일/무엇/하다（[日曜日]に何をしましたか）

　 B: 언니/영화/보다（姉と[映画]を見ました）

　　 카페/커피/마시다（カフェでコーヒーも飲みました）

③ A: 누구/전화/이다（誰の電話でしたか）

　 B: 어머니/전화/오다（母から電話が来ました）

....

　過去形は、語幹の最後の母音が陽母音（ㅏ、ㅗ）か陰母音（ㅏ、ㅗ以外）かによって、続く形が違いました。①はㅐで終わる語幹、②は하다用言、ㅗで終わる語幹、ㅣで終わる語幹、③は指定詞이다とㅗで終わる語幹の場合です。

語幹の最後		합니다体叙述形	例	でしたました
子音語幹	陽母音	語幹 + **았습니다**	받다 受け取る	받았습니다
	陰母音	語幹 + **었습니다**	먹다 食べる	먹었습니다
母音語幹（母音脱落）	ㅏで終わる語幹	語幹 + **ㅆ습니다**	가다 行く	갔습니다
	ㅓで終わる語幹	語幹 + **ㅆ습니다**	서다 立つ	섰습니다
	ㅕで終わる語幹	語幹 + **ㅆ습니다**	켜다 (電気など)つける	켰습니다
	ㅐで終わる語幹	語幹 + **ㅆ습니다**	보내다 送る	보냈습니다
	ㅔで終わる語幹	語幹 + **ㅆ습니다**	세다 数える	셌습니다

語幹の最後		합니다体 叙述形	例	でした ました
母音語幹（母音縮約）	ㅗで終わる語幹	**았습니다**	보다 見る	보았습니다 / 봤습니다
	ㅜで終わる語幹	**었습니다**	주다 あげる・くれる	주었습니다 / 줬습니다
	ㅣで終わる語幹	**였습니다**	마시다 飲む	마셨습니다
	ㅚで終わる語幹	**었습니다**	되다 なる	되었습니다 / 됐습니다
하다用言		하였습니다 → **했습니다**	운동하다 [運動]する	운동했습니다

3）指定詞이다と이/가 아니다の過去形

	前の名詞パッチムなし	前の名詞パッチムあり
이다	**였습니다**	**이었습니다**
가/이 아니다	**가 아니었습니다**	**이 아니었습니다**

4）해요体と해요体過去形（第12課）

復習問題5 91

　次の語を使って文を作りましょう。必要な助詞を補い、文末は해요体にすること。

① 커피/있다（コーヒーはありますか）

② 뭘/마시다（何を飲みますか）

③ 학생이다（[学生]です）

④ 월요일/금요일/학교/가다（[月曜日]から[金曜日]まで[学校]に行きます）

⑤ 김치/김밥/사다 （キムチと海苔巻きを買いました）

⑥ 친구/선물/주다 （友達にプレゼントをあげました）

．．．

　해요体は過去形と同じように作ります。第12課で学習した通り、<u>陽母音の場合は**아요**、陰母音の場合は**어요**</u>をつけます。過去形はそれぞれ<u>았어요、었어요</u>をつけます（합니다体の過去形のときの았습니다、었습니다が아요、어요、았어요、었어요に替わったと考えるとわかりやすいと思います）。ただし、指定詞이다、아니다、하다用言は、他の用言と活用が異なるので注意が必要です。

　①～④は現在形で、①は子音語幹、②は ㅣ で終わる語幹（縮約）、④は ㅏ で終わる語幹(脱落)、③は指定詞이다の場合です。⑤⑥は過去形で、⑤は ㅏ で終わる語幹（脱落）、⑥は ㅜ で終わる語幹の場合です。以下の表でもう一度整理しておきましょう。

語幹の種類		現在形	過去形
子音語幹	陽母音	語幹 + **아요**	語幹 + **았어요**
	陰母音	語幹 + **어요**	語幹 + **었어요**
母音語幹 （母音脱落）	ㅏ ㅓ ㅕ ㅐ ㅔ で 終わる語幹	語幹 + **요**	語幹 + **ㅆ어요**
母音語幹 （母音縮約）	ㅗ ㅜ ㅣ ㅚ で 終わる語幹	**와요、 워요、 여요、 왜요**	**왔어요、 웠어요、 였어요、 왰어요**
하다用言		**하여요 → 해요**	**하였어요 → 했어요**
指定詞이다、아니다		**예요/이에요 아니에요**	**였어요/이었어요 아니었어요**

4. 否定文のまとめ（第9課）

〔復習問題6〕 ………………………………………………………… 💿92

　例に従い、質問に対して「いいえ、〜ではありません」「いいえ、〜
しません」のように答えましょう。文末は質問と同じ文体で答えてくだ
さい。質問と答え文の日本語の意味も考えましょう。

　例）오늘 학교에 가요? 아니요, <u>오늘은 학교에 가지 않아요</u>.

（지 않다を使って）

① 회사원 (会社員) 입니까? 아니요, ＿＿＿＿＿＿＿＿＿＿＿＿＿

（指定詞の否定）

② 오늘 바쁩니까? 아니요, ＿＿＿＿＿＿＿＿＿＿＿＿＿

（안を使って）

③ 매일 운동해요? 아니요, ＿＿＿＿＿＿＿＿＿＿＿＿

（안を使って）

④ 전철로 가요? 아니요, ＿＿＿＿＿＿＿＿＿＿＿

（지 않다を使って）

　否定の表現は、名詞文と動詞や形容詞などの用言文では形が違いました。
　①の名詞文の否定は名詞に가/이 아니다をつけるのでしたね。

　　합니다体 **가/이 아닙니다**　　합니다体過去 **가/이 아니었습니다**
　　해요体 **가/이 아니에요**　　해요体過去 **가/이 아니었어요**

　②、③の안を使った否定文は、動詞・形容詞の前に안をつけます。
ただし、名詞+하다の用言では、안は하다の直前に入ります。

　④の지 않다を使った否定文は動詞・形容詞の語幹に지 않다をつなげ
て作ります。

　　합니다体 **지 않습니다**　　합니다体過去 **지 않았습니다**
　　해요体 **지 않아요**　　해요体過去 **지 않았어요**

5. 尊敬形（第13課）と丁寧な依頼表現（第14課）のまとめ

復習問題 7 ⟩ ⋯⋯⋯⋯⋯⋯⋯⋯⋯⋯⋯⋯⋯⋯⋯⋯⋯⋯⋯⋯⋯⋯⋯⋯⋯ 🔘 **93**

　例に従い、次の文の下線部を尊敬形に変えましょう。日本語の意味も考えましょう。特に特殊な尊敬形に注意すること。

　例）어디 <u>가요</u>? → 가세요?　どこにいらっしゃいますか。

① 어머니<u>는</u> 매일 버스를 <u>탑니다</u>. → ＿＿＿＿＿＿＿＿＿＿＿＿

② 아버지<u>가</u> 제 편지를 <u>받았어요</u>.　　→ ＿＿＿＿＿＿＿＿＿＿＿＿

③ 선생님<u>은</u> 연구실에 <u>있어요</u>.　　　→ ＿＿＿＿＿＿＿＿＿＿＿＿

④ 할아버지, 차 <u>마셨어요</u>?　　　　　→ ＿＿＿＿＿＿＿＿＿＿＿＿

⋯⋯⋯⋯⋯⋯⋯⋯⋯⋯⋯⋯⋯⋯⋯⋯⋯⋯⋯⋯⋯⋯⋯⋯⋯⋯⋯⋯⋯⋯⋯⋯⋯

　尊敬形は以下の１）、２）のように作ります。ただし、②③の助詞や③④のような用言は特殊な尊敬形を使います。特殊な尊敬形については第13課に戻って確認しましょう。

１）尊敬形（現在形）（第13課）

	母音語幹	ㄹ語幹	子音語幹
합니다体（叙述） 　　　　（疑問）	語幹＋**십니다** ＋**십니까**	語幹（ㄹ脱落）＋**십니다** ＋**십니까**	語幹＋**으십니다** **으십니까**
해요体	語幹＋**세요**	語幹（ㄹ脱落）＋**세요**	語幹＋**으세요**

　해요体の尊敬形（現在形）세요/으세요は、そのまま丁寧な依頼表現としても使えるのでしたね（第14課）。確認しておきましょう。

　　먼저 가세요. （お先にお行きください）

　　맛있게 드세요. （おいしくお召し上がりください）

156

2）尊敬形（過去形）（第13課）

	母音語幹	ㄹ語幹	子音語幹
합니다体（叙述） 　　　　（疑問）	語幹＋셨습니다 ＋셨습니까	語幹（ㄹ脱落）＋셨습니다 ＋셨습니까	語幹＋으셨습니다 으셨습니까
해요体	語幹＋셨어요	語幹（ㄹ脱落）＋셨어요	語幹＋으셨어요

6. 禁止表現、複合表現（第14課）のまとめ

復習問題8 ⋯⋯⋯⋯⋯⋯⋯⋯⋯⋯⋯⋯⋯⋯⋯⋯⋯⋯⋯⋯⋯⋯ 🔘94

　次の語を使い、必要な助詞を補って、文を完成させましょう。文末は
해요体にすること。

① 교실 안/들어가다 （[教室]の中に入らないでください）

② 많이/먹다 （たくさん食べないでください）

③ 지금/뭘/하다 （今何をしていますか）

④ 도서관/책/읽다 （[図書館]で本を読んでいます）

⑤ 한국어 발음/연습하다 （[韓国語]の[発音]を[練習]したいです）

⑥ 내일 아침*/일찍/일어나다 （明日の朝、早く起きたいです）

＊아침には에をつける。

⋯⋯⋯⋯⋯⋯⋯⋯⋯⋯⋯⋯⋯⋯⋯⋯⋯⋯⋯⋯⋯⋯⋯⋯⋯⋯⋯⋯

　①、②は禁止表現です。語幹に지 마세요をつけます。

　③、④は進行を表す表現で、語幹に고 있다をつけます。

　⑤、⑥は「～たい」という表現で語幹に고 싶다をつけます。

7. 数詞・助数詞のまとめ（第5〜8課）

復習問題9 ⋯⋯⋯⋯⋯⋯⋯⋯⋯⋯⋯⋯⋯⋯⋯⋯⋯⋯⋯⋯⋯⋯ 🔘95

　次の下線部の数字と助数詞を韓国語に直し、文を完成させましょう。

日本語の意味も考えましょう。

① 사과 (りんご) <u>3個</u> 주세요.

② 제 생일 (誕生日) 은 <u>12月25日</u>이에요.

③ 몇 시 (何時) 에 가요? <u>3時40分</u>에 가요.

④ 학생이 몇 명 (何名) 있었어요? <u>5名</u> 있었어요.

⑤ 오늘은 <u>6月20日</u>입니다.

⋯⋯⋯⋯⋯⋯⋯⋯⋯⋯⋯⋯⋯⋯⋯⋯⋯⋯⋯⋯⋯⋯⋯⋯⋯⋯⋯⋯⋯⋯⋯⋯⋯⋯⋯⋯⋯

　韓国語の数詞は、漢語系数詞（第5、6課）と固有語系数詞（第7、8課）の2種類があり、それぞれ後ろにつく助数詞が決まっていましたね。②と⑤は漢語系数詞、①、④は固有語系数詞、③は漢語系と固有語系の両方が使われています。

漢語系数詞

一	二	三	四	五	六	七	八	九	十
일	이	삼	사	오	육	칠	팔	구	십

百	千	万	億
백	천	만	억

固有語系数詞

1	2	3	4	5	6	7	8	9	10
하나	둘	셋	넷	다섯	여섯	일곱	여덟	아홉	열

11	12	20	30	40	50	60	70	80	90
열하나	열둘	스물	서른	마흔	쉰	예순	일흔	여든	아흔

総合問題 ··· ◉ **96**

次の文はユミさんのある日の日記です。内容を読み質問に答えましょう。

> 10월 20일 일요일
>
> 오늘은 친구를 만났어요. 오전에는 친구하고 도서관에서 시험 공부를 했어요. 시험은 화요일이에요. 오후에는 친구 집에 갔어요. 친구 집은 도서관에서 십 분 걸려요. 친구 집에서 영화를 봤어요. 같이 저녁도 먹었어요. 한 시부터 여덟 시까지 친구 집에 있었어요. 좋은 하루였어요.

오전 : [午前]、시험 : [試験]、저녁 : 夕飯、좋은 하루 : よい一日

① 시험은 언제입니까?

　　a. 이십일 일　　b. 내일　　c. 이십이 일　　d. 어제

② 유미 씨는 친구 집에 몇 시간 있었어요?

　　a. 3시간　　b. 7시간　　c. 8시간　　d. 5시간

③ 次の文のうち、内容と合っているものに○、間違っているものに×
をつけましょう。

　　a. 유미 씨는 시험 공부 안 했어요.　　　　（　　）

　　b. 오늘은 화요일이에요.　　　　　　　　（　　）

　　c. 친구하고 영화를 봤어요.　　　　　　　（　　）

　　d. 친구 집에서 공부했어요.　　　　　　　（　　）

　　e. 친구 집은 도서관에서 10분 걸려요.　　（　　）

　　f. 저녁은 같이 먹지 않았어요.　　　　　　（　　）

　　g. 유미 씨는 여덟 시에 집에 갔어요.　　　（　　）

練習問題／まとめの練習　解答例

第3課 ···

練習4 (p.34)

① 야마자키　② 다나카　③ 다로　④ 가나가와　⑤ 신주쿠　⑥ 오사카

⑦ 삿포로　⑧ 신코베

●まとめの練習

2 (p.35)

① 沖縄　② 茨城　③ 北海道　④ 京都　⑤ 宮崎

第4課 ···

第3課の復習 (p.36)

⑥ 요코하마　⑦ 후쿠오카　⑧ 센다이

練習1 (p.37)

① 토요일입니까?　② 어디입니까?　③ 다나카 선생님입니까?

練習2 (p.37)

① 우리 학교입니다.　② 내 모자입니다.

練習3 (p.38)

① 사토 씨는 선생님입니까?　②　오늘은 토요일입니다.

③ 화장실은 어디입니까?

練習4 (p.39)

① 어디예요?　② 1000(천)원이에요.　③ 선생님이에요?

●まとめの練習

1 (p.43)

① 야마다 씨입니다.　② 일요일입니다.　③ 어디입니까?　④ 무엇입니까?

⑤ 언제입니까?

2 (p.43)
① 야마다 씨는 학생이에요.　② 오늘은 일요일이에요.　③ 학교는 어디예요?
④ 이것은 과자예요?　⑤ 시험은 언제예요?

3 (p.44)
① 야마다 씨는 회사원입니까?　② 오늘은 토요일입니다.
③ 다나카 씨는 학생이에요?　④ 공원은 어디입니까?/어디예요?
⑤ 저는 회사원입니다./회사원이에요.

第5課

第4課の復習 (p.46)
① 저는 학생입니다.　② 오늘은 일요일입니까?　③ 학교는 어디예요?

練習1 (p.48)
① 여동생이 있습니다.　② 시험은 언제 있습니까?
③ 오늘은 회의가 없습니다.

練習2 (p.49)
① 학교 옆에 우체국이 있습니다.　② 교실 안에 학생이 있습니다.
③ 수요일에 회의가 있습니다.

練習3 (p.50)
① 삼십이　② 백오　③ 오백사십일　④ 이천육백팔십육　⑤ 삼천칠백오십
⑥ 팔만사천구백이십

●**まとめの練習**

1 (p.53)
① 가방 안에 지갑이 없습니다.　② 학교 뒤에 도서관이 있습니다.
③ 편의점에 김치가 있습니까?　④ 언제 회의가 있습니까?
⑤ 은행 건너편에 서점이 있습니다.

2 (p.53)
① 이천십삼　② 만오백삼　③ 삼백이십육　④ 육십오만칠천삼백　⑤ 천이백

3 (p.54)
① 화장실은 교실 건너편에 있습니다. ② 다나카 씨는 여기에 없습니까?
③ 학교 근처에 우체국이 있습니다. ④ 수업은 월요일에 있습니다.
⑤ 은행 근처에 편의점은 없습니다.

第6課

第5課の復習 (p.56)
① 토요일에 시간이 있습니까? ② 오늘은 회의가 없습니다.
③ 커피는 이천팔백 원입니다.

練習1 (p.58)
① 삽니다. / 삽니까? ② 마십니다. / 마십니까?
③ 공부합니다. / 공부합니까? ④ 바쁩니다. / 바쁩니까?

練習2 (p.59)
① 한국어를 공부합니다. ② 다나카 씨를 만납니다. ③ 책을 삽니까?
④ 버스를 탑니까?

練習3 (p.60)
① 우체국도 갑니다. ② 오늘도 바쁩니까? ③ 영어도 공부합니까?

練習4 (p.61)
① 삼월 십오 일 ② 유월 삼십 일 ③ 십일월 이십칠 일 ④ 오 층
⑤ 만오천 원 ⑥ 삼 학년

練習5 (p.61)
① 제 생일은 팔월 일 일입니다. ② 삼 층에 갑니다.
③ 커피는 사천오백 원입니다.

●まとめの練習
1 (p.64)
① 회사에 갑니다. ② 버스를 탑니다. ③ 맥주를 마십니까?
④ 친구도 옵니다.

② (p.64)

① 오늘은 칠월 이십사 일입니다.　② 시험은 삼십 일입니다.

③ 이 책은 만사천 원입니다.　④ 팔월에 서울에 갑니다.

⑤ 남동생은 오 학년입니다.

③ (p.65)

① 매일 커피를 마십니다. 주스도 마십니다.

② 오늘 다나카 선생님을 만납니다.　③ 생일은 시월 팔 일입니다.

④ "무엇을 삽니까?" "책을 삽니다."

第7課

第6課の復習 (p.66)

① 우유를 마십니다.　② 전철을 탑니다.　③ 오늘도 바쁩니까?

④ 제 생일은 시월 삼 일입니다.

練習1 (p.67)

① 찾습니다. / 찾습니까?　② 받습니다. / 받습니까?

③ 듣습니다. / 듣습니까?　④ 어렵습니다. / 어렵습니까?

練習2 (p.67)

① 도서관에서 책을 찾습니다.　② 방에서 음악을 듣습니까?

③ 싱크대에서 과일을 씻습니다.

練習3 (p.69)

① 열일곱　② 스물넷　③ 쉰여덟　④ 서른하나　⑤ 아흔여섯　⑥ 마흔다섯

練習4 (p.70)

① 두 시 십오 분　② 다섯 시 사십 분　③ 아홉 시 삼십 분

④ 열한 시 오십오 분

●まとめの練習

① (p.73)

① 어떤 음악을 듣습니까?　② 역에서 표를 받습니다.

③ 한국어는 어렵습니다.   ④ 교실에서 수업을 듣습니다.

⑤ 무엇을 찾습니까?

② (p.73)

① 아침 일곱 시에 일어납니다.   ② 아홉 시 삼십 분에 수업이 있습니다.

③ 세 시 반에 친구를 만납니다.   ④ 야마다 씨는 열한 시에 옵니다.

⑤ 여섯 시에 저녁을 먹습니다.

③ (p.74)

① 서울은 덥습니다.   ② "몇 시에 점심을 먹습니까?" "열두 시에 먹습니다."

③ 교실에서 휴대폰을 찾습니다.   ④ 네 시에 학교 앞에서 친구를 만납니다.

⑤ 오후 두 시 십사 분에 전철이 출발합니다.

第8課 ··

第7課の復習 (p.76)

① 학교 앞에서 친구를 만납니다.   ② 식당에서 밥을 먹습니다.

③ 여덟 시에 출발합니다.

練習1 (p.77)

① 놉니다   ② 멉니다   ③ 만듭니다   ④ 삽니다

練習2 (p.78)

① 선물을 받습니다.   ② 무엇을 만듭니까?   ③ 텔레비전을 봅니다.

④ 오늘은 바쁩니까?

練習3 (p.80)

① 세 명   ② 열두 개   ③ 여섯 시간   ④ 열여덟 살   ⑤ 네 잔

⑥ 스물 다섯 장   ⑦ 일곱 권

練習4 (p.81)

① 역에서 학교까지   ② 일곱 시부터 열한 시까지   ③ 어제부터 오늘까지

④ 한국에서 일본까지

●まとめの練習

1 (p.83)

① 그 사람은 머리가 깁니다.　② 공원에서 놉니다.　③ 저는 사실을 압니다.

④ 어머니는 집에서 된장을 만듭니다.　⑤ 집에서 역까지 멉니다.

2 (p.84)

① 책을 두 권 삽니다.　② 학생이 열다섯 명 있습니다.

③ 매일 네 시간 아르바이트를 합니다.

④ 서울에서 부산까지 몇 시간 걸립니까?

⑤ 아홉 시부터 열두 시까지 공부합니다.

3 (p.84)

① 그 사람을 압니까?　② 집에서 한국 음식을 만듭니다.

③ 집에서 학교까지 한 시간 반 걸립니다.

④ "내일은 몇 명 옵니까?" "다섯 명 옵니다."

⑤ 다섯 시부터 아홉 시까지 아르바이트가 있습니다.

第9課 ··

第8課の復習 (p.86)

① 공원에서 놉니다.　② 도쿄에서 오사카까지 두 시간 반 걸립니다.

③ 월요일부터 금요일까지 수업이 있습니다.

練習1 (p.87)

① 제 어머니가 아닙니다.　② 휴일이 아닙니다.　③ 한국 사람이 아닙니다.

④ 아이돌 가수가 아닙니다.

練習2 (p.88)

① 오늘은 바쁘지 않습니다.　② 아침은 먹지 않습니다.

③ 매일 공부하지 않습니다.　④ 카페에서 커피를 마시지 않습니다.

練習3 (p.89)

① 안 만납니다　② 안 찾습니다　③ 출발 안 합니다　④ 안 만듭니다

●まとめの練習

① (p.92)

① 이것은 한국 노래가 아닙니다.   ② 저 사람은 일본 사람이 아닙니다.

③ 오늘은 제 생일이 아닙니다. 내일입니다.   ④ 이 아이는 제 동생이 아닙니다.

⑤ 미나 씨 구두가 아닙니까?

② (p.92)

① 우유는 마시지 않습니다. / 우유는 안 마십니다.

② 오늘은 춥지 않습니다. / 오늘은 안 춥습니다.

③ 한국어는 어렵지 않습니다. / 한국어는 안 어렵습니다.

④ 운동하지 않습니다. / 운동 안 합니다.

③ (p.93)

① 버스를 타지 않습니다/안 탑니다. 전철을 탑니다.

② 저는 술을 마시지 않습니다/안 마십니다.   ③ 여기는 도서관이 아닙니다.

④ 밤에는 음악을 듣지 않습니다/안 듣습니다.

第10課 ···

第9課の復習 (p.94)

① 수진 씨는 학생이 아닙니다.   ② 아침은 먹지 않습니다/안 먹습니다.

③ 오늘은 바쁘지 않습니다/안 바쁩니다.

練習1 (p.96)

① 먹었습니다   ② 닫았습니다   ③ 웃었습니다   ④ 높았습니다

⑤ 울지 않았습니다

練習2 (p.98)

① 만났습니다   ② 탔습니다   ③ 일어났습니다   ④ 냈습니다

練習3 (p.98)

① 문을 열었습니다.   ② 아침은 먹지 않았습니다.   ③ 어디에 갔습니까?

④ 짐을 보냈습니까?

練習4（p.99）

① 숟가락으로 먹었습니다.　② 한글로 이름을 씁니다.

③ 차로 회사에 다닙니다.

●**まとめの練習**

1 （p.102）

① 교실에 학생이 있었습니다.　② 숟가락으로 비빔밥을 먹었습니다.

③ 소포를 받았습니까?　④ 공원에서 놀았습니다.　⑤ 사진을 찍었습니다.

2 （p.102）

① 자전거로 도서관에 갔습니다.　② 이 옷은 비쌌습니다.

③ 에어컨을 켰습니다.　④ 리포트를 냈습니다.

⑤ 아침부터 가게 앞에 줄을 섰습니다.

3 （p.103）

① 메일을 받았습니까?　② 어제 한국 음식을 먹었습니다.

③ 도서관 앞에서 수미 씨를 만났습니다.

④ 집에서 도쿄역까지 지하철로 삼십 분 걸립니다.

第11課

第10課の復習（p.104）

① 아침은 무엇을 먹었습니까?　② 어제 친구를 만났습니다.

③ 에어컨을 켰습니다.

練習1（p.106）

① 왔습니다　② 배웠습니다　③ 기다렸습니다　④ 일했습니다

練習2（p.107）

① 일요일이었습니다/일요일이 아니었습니다.

② 한국 가수였습니다/한국 가수가 아니었습니다.

練習3（p.108）

① 공원에서 놀았습니다.　② 오사카까지 두 시간 걸렸습니다.

③ 편지를 보냈습니다.　④ 어제는 집에 있었습니까?

⑤ 주말에 숙제를 했습니까?

●まとめの練習

① (p.111)

① 몇 시에 도착했습니까?　② 일 년 전에는 학생이었습니까?

③ 언제부터 한국어를 배웠습니까?　④ 오늘은 휴일이 아니었습니다.

② (p.111)

① 어제 친구를 만났습니다.　② 점심에 무엇을 먹었습니까?

③ 오늘은 집에서 역까지 자전거로 갔습니다.　④ 옷이 좀 비쌌습니다.

③ (p.112)

① 도서관에서 공부했습니다.　② 옷을 팔았습니다.

③ 오늘은 수업이 없었습니다.　④ 아침에 무엇을 마셨습니까?

第12課　‥‥‥‥‥‥‥‥‥‥‥‥‥‥‥‥‥‥‥‥‥‥‥‥‥‥‥‥‥‥

第11課の復習 (p.114)

① 어제 영화를 봤습니다.　② 도서관에서 공부했습니다.

③ 아침에 커피를 마셨습니까?

練習1 (p.118)

① 놀아요　② 닫아요　③ 만나요　④ 배워요　⑤ 있어요　⑥ 기다려요

⑦ 공부해요　⑧ 학생이 아니에요

練習2 (p.119)

① 친구를 만나요.　② 창문을 닫아요?　③ 영화를 봐요.

練習3 (p.120)

① 백화점에서 옷을 샀어요.　② 어디에서 공부했어요?

③ 어제 맥주를 마셨어요.

練習4 (p.121)

① 에게　② 에게서　③ 과/하고　④ 와/하고

●まとめの練習

1 （p.124）

① 매일 여섯 시에 일어나요.　② 학교까지 사십오 분 걸려요.

③ 공원에서 놀아요.　④ 아침 일곱 시에 출발했어요.

2 （p.124）

① 오빠에게 전화했어요.　② 친구에게서 선물을 받았어요.

③ 커피와/하고 홍차를 시켜요.

3 （p.125）

① 월요일과/하고 수요일에 수업이 있어요.

② "어제 뭘 했어요?" "학교에서 친구와/하고 공부했어요."

③ 어머니에게 메일을 보냈어요.　④ 회사에서 연락을 받았어요.

第13課　

第12課の復習 （p.126）

① 집에서 학교까지 몇 분 걸려요?

② 토요일과/하고 일요일에 공원에서 운동했어요.

③ 어머니에게 선물을 보냈어요.

練習1 （p.128）

① 바쁘십니까? / 바쁘세요?　② 어디에 사십니까? / 사세요?

③ 한복을 입으십니까? / 입으세요?

④ 민수 씨 아버님이십니까? / 아버님이세요?

練習2 （p.129）

① 어제는 바쁘셨습니까? / 바쁘셨어요?

② 사진을 찍으셨습니까? / 찍으셨어요?

③ 그 뉴스를 언제 아셨습니까? / 아셨어요?

練習3 （p.131）

① 할아버지께서는 어디에 계십니까?

② 어제는 몇 시에 주무셨습니까?

③ 어머니께 생일 선물을 드립니다.

●まとめの練習

① (p.134)

① 선생님께서는 교실에 계세요.　② 내일은 바쁘세요?

③ 다나카 선생님이십니까?　④ 신청서를 받으세요?

⑤ 할아버지께서는 제 옆 방에서 주무세요.

② (p.134)

① 미국 영어를 배우셨어요?　② 한국 드라마를 보셨어요?

③ 두 시부터 세 시까지 쉬셨어요.　④ 매일 한국어 발음을 연습하셨어요?

③ (p.135)

① "무엇을 찾으세요?" "한국어 사전을 찾아요."

② 선생님께서는 몇 시에 학교에 오십니까?　③ 할머니께 편지를 드렸어요.

④ 이 책, 읽으셨어요?　⑤ 어머니께서는 과자를 만드셨어요.

第14課

第13課の復習 (p.136)

① 무엇을 찾으세요?　② 김 선생님이 아니십니까?

③ 어제 한국 음식을 드셨어요?

練習1 (p.137)

① 책을 많이 읽으세요.　② 커피를 드세요.　③ 교실 안에서 기다리세요.

練習2 (p.138)

① 물을 마시지 마세요.　② 약속을 잊지 마세요.　③ 교실에서 떠들지 마세요.

練習3 (p.139)

① 서울에 가고 싶습니다/싶어요.　② 중국어를 공부하고 싶습니다/싶어요.

③ 뭘 먹고 싶습니까?/싶어요?

練習4（p.140）

① 친구하고 통화하고 있습니다/있어요.　② 공원에서 놀고 있습니다/있어요.

③ 할아버지는 텔레비전을 보고 계십니다/계세요.

●**まとめの練習**

① （p.144）

① 서류는 거기서 받으세요.　② 역까지는 버스를 타세요.

③ 오늘은 여기서 주무세요.　④ 수업 시간에 자지 마세요.

⑤ 이 건물 안에서는 음식을 드시지 마세요.

② （p.144）

① 내일은 일찍 학교에 가고 싶어요.　② 아이들이 공원에서 놀고 있어요.

③ 일요일에 친구를 만나고 싶어요.　④ 미국에서 영어를 공부하고 싶어요?

⑤ 매일 한국 음악을 듣고 있어요.

③ （p.145）

① 열한 시에 교실에 오세요.　② 도서관 앞에서 기다리세요.

③ 내일 약속을 잊지 마세요.　④ 금요일에는 일찍 자고 싶어요.

⑤ 오늘은 하루 종일 집에서 숙제를 하고 있어요.

第15課

復習問題1（p.146）

① a　② c　③ a　④ c　⑤ b　⑥ c

復習問題2（p.147）

① c　② b　③ a　④ c　⑤ b　⑥ a　⑦ c

復習問題3（p.150）

① A: 어디서 점심을 먹습니까?　B: 식당에서 먹습니다.

② A: 집에서 역까지 어떻게 갑니까?　B: 자전거로 갑니다.

③ A: 다로 씨를 압니까?　B: 네, 제 친구입니다.

復習問題4（p.151）

① A: 우체국에서 무엇을 보냈습니까? B: 친구에게 선물을 보냈습니다.

② A: 일요일에 무엇을 했습니까? B: 언니와 영화를 봤습니다. 카페에서 커피도 마셨습니다.　③ A: 누구 전화였습니까? B: 어머니에게서 전화가 왔습니다.

復習問題5（p.152）

① 커피는 있어요?　② 뭘 마셔요?　③ 학생이에요.

④ 월요일부터 금요일까지 학교에 가요.　⑤ 김치와 김밥을 샀어요.

⑥ 친구에게 선물을 줬어요.

復習問題6（p.154）

① 회사원이 아닙니다.　訳：会社員ですか。いいえ会社員ではありません。

② (오늘은) 안 바쁩니다.　訳：今日忙しいですか。いいえ、(今日は) 忙しくありません。

③ (매일) 운동 안 해요.　訳：毎日運動しますか。いいえ、(毎日) 運動しません。

④ 전철로 가지 않아요.　訳：電車で行きますか。いいえ、電車で行きません。

復習問題7（p.155）

① 어머니께서는 매일 버스를 타십니다.　訳：母は毎日バスにお乗りになります。

② 아버지께서 제 편지를 받으셨어요.　訳：お父さんが手紙を受け取られました。

③ 선생님께서는 연구실에 계세요.　訳：先生は研究室にいらっしゃいます。

④ 할아버지, 차 드셨어요?　訳：おじいさん、お茶を召し上がりましたか。

復習問題8（p.156）

① 교실 안에 들어가지 마세요.　②많이 먹지 마세요.　③ 지금 뭘 하고 있어요?

④ 도서관에서 책을 읽고 있어요.　⑤ 한국어 발음을 연습하고 싶어요.

⑥ 내일 아침에 일찍 일어나고 싶어요.

復習問題9（p.156）

① 세 개　訳：リンゴ3個ください。

② 십이월 이십오 일　訳：私の誕生日は12月25日です。

③ 세 시 사십 분　訳：何時に行きますか。3時40分に行きます。

④ 다섯 명│訳：学生が何名いましたか。5名いました。

⑤ 유월 이십 일　訳：今日は6月20日です。

■**総合問題**（p.158）

問題文訳

10月20日日曜日

今日は友達に会いました。午前には友達と図書館で試験の勉強をしました。試験は火曜日です。午後には友達の家に行きました。友達の家は図書館から10分かかります。友達の家で映画を見ました。一緒に夕食も食べました。1時から8時まで友達の家にいました。よい一日でした。

① c（22日）

② b（7時間）

③ a. ×　b. ×　c. ○　d. ×　e. ○　f. ×　g. ○

韓国語―日本語単語・表現索引

太字の単語・表現は、表現の項目として取り上げたもの。最初に出てきたページを示した。ただし、発音と文字の課(1～3課)で出てきた単語・表現が4課以降に出てきた場合は、両方のページを示した。「単語の整理」で取り上げた単語・表現は、取り上げたページを太字で示した。

【ㅊ】

【ㅋ】

【ㅌ】

日本語―韓国語単語・表現リスト

　太字の単語・表現は、表現の項目で取り上げたもの。<パ無>はパッチムなしの名詞につく形、<パ有>はパッチムありの名詞につく形であることを示す。<母>は用言の母音語幹につく形、<子>は子音語幹につく形、<ㄹ>はㄹ語幹につく形であることを示す。<陽>は語幹最後の母音が陽母音の用言につく形、<陰>は陰母音の用言につく形であることを示す。<形>は形容詞につく形、<名>は名詞につく形であることを示す。

【あ】

アイドル歌手	アイドル 가수
会う	만나다
赤ちゃん	아기
開ける	열다
あげる	주다
朝	아침
朝ご飯	아침
朝ご飯を食べる	아침을 먹다
あさって	모레
味	맛
明日	내일
あそこ	저기
遊ぶ	놀다
頭	머리
暑い	덥다
集まる	모이다
兄	오빠 <女性から>
姉	누나 <男性から>、언니 <女性から>
あの	저
あのう	저기요
あの方	저분
雨水	빗물
あまり	별로
アメリカ	미국
洗う	씻다
有り難い	감사하다

ありがとう。	고마워요. <同世代の知人、目下の人に>
ありがとうございます。	감사합니다.
あります	**있습니다**
ありますか	**있습니까**
ありません	**없습니다**
ありませんか	**없습니까**
ある	**있다**
アルバイト	아르바이트
あれ	저것
いいえ	아니요
家	집
行く	가다
いくら	얼마
医師	의사
医者	의사
忙しい	바쁘다
一	**일**
一〜	**한**
1月	일월
イチゴ	딸기
一日	하루
一日中	하루 종일
いつ	언제
一緒に	같이、함께
五つ	**다섯**
いない	없다
今	지금
います	**있습니다**

いますか	**있습니까**
いません	**없습니다**
いませんか	**없습니까**
妹	여동생、동생
いらっしゃる	계시다
いる	**있다**
入れる	넣다
インチョン(仁川)空港	인천공항
ウォン	원
伺う	여쭈다
受け取る	받다
歌	노래
うちの	우리
うどん	우동
海	바다
裏	뒤
売る	팔다
運動(する)	운동(하다)
運動場	운동장
エアコン	에어컨
映画	영화
英語	영어
駅	역
鉛筆	연필
お〜になりました	**셨습니다** <母・ㄹ>/**으셨습니다** <子>
お〜になりました(か)	**셨어요** <母・ㄹ>/

으셨어요 <子>
お〜になりましたか
셨습니까 <母・ㄹ>/
으셨습니까 <子>
お〜になります
십니다 <母・ㄹ>/
으십니다 <子>
お〜になります(か)
세요 <母・ㄹ>/
으세요 <子>
お〜になりますか
십니까 <母・ㄹ>/
으십니까 <子>
おありになる　있으시다
おいしい　맛있다
おいしく　맛있게
多く　많이
お母様　어머님
お母さん　어머니
おかず　반찬
お金　돈
起きる　일어나다
億　억
送る　보내다
遅れる　늦다
お言葉　말씀
お先に　먼저
お食事　진지
押す　밀다
お宅　댁
お茶　차
お連れする　모시다
音　소리
お父様　아버님
お父さん　아버지
弟　남동생、동생

お歳　연세
お話になる　말씀하시다
お名前　성함
お兄さん
　오빠 <女性から>
お姉さん
　누나 <男性から>、
　언니 <女性から>
おばあさん　할머니
お話　말씀
オムライス　오므라이스
お目にかかる　뵙다
面白い　재미있다
お休みになる　주무시다
降りる　내리다
終わる　끝나다
音楽　음악

【か】
〜が　가 <パ無>/
　이 <パ有>、께서 <尊敬>
〜階　층
会議　회의
会社　회사
会社員　회사원
会話　회화
買う　사다
かかる　걸리다
柿　감
書く　쓰다
家具　가구
学生　학생
傘　우산
菓子　과자
歌手　가수
風邪　감기

数える　세다
課題　과제
〜月　월
学校　학교
カバン　가방
カフェ　카페
髪　머리
紙　종이
通う　다니다
火曜日　화요일
〜から　에서 <場所>；
　에게서 <人>；
　부터 <時間・順序>
カルビ　갈비
カレーライス
　카레라이스
川　강
かわいい　예쁘다
かわいいです。　예뻐요.
韓国　한국
韓国語　한국어、한국말
韓国人　한국 사람
韓国料理　한국 음식
漢字語　한자어
感動的だ　감동적이다
韓服　한복
聞く　듣다
切符　표
昨日　어제
キムチ　김치
キムチチゲ　김치찌개
休講　휴강
休日　휴일
90　아흔
牛肉　소고기
牛乳　우유

きゅうり　オイ	公園　공원	【さ】
今日　오늘	講義　강의	〜歳　살
教科書　교과서	紅茶　홍차	最近　요즘
教室　교실	校庭　운동장	サイダー　사이다
去年　작년	後輩　후배	財布　지갑
嫌いだ　싫다	コーヒー　커피	探す　찾다
切る　끊다	5月　오월	魚　생선 <食べる>
着る　입다	ここ　여기	さきに　먼저
きれいだ　예쁘다 ; 깨끗하다 <清潔>	午後　오후	昨年　작년
銀行　은행	ここで　여기서、여기에서	酒　술
近所　근처	九つ　아홉	差し上げる　드리다
金曜日　금요일	50　쉰	〜冊　권
九　구	胡椒　후추	砂糖　설탕
空港　공항	午前　오전	寒い　춥다
9月　구월	小包　소포	さようなら。 안녕히 가세요. <行く人に>、안녕히 계세요. <残る人に>
果物　과일	コップ　컵	皿　접시
口　입	言葉　말	騒ぐ　떠들다
靴　구두	子ども　아이	三　삼
国　나라	この　이	三〜　세
〜くらい　쯤	好む　좋아하다	〜さん　씨
暮らす　살다	ご飯　밥	3月　삼월
来る　오다	ご飯の碗　밥그릇	30　서른
車　차	ゴミ　쓰레기	四　사
くれる　주다	ゴミ箱　휴지통	〜時　시
携帯電話　휴대폰	固有語　고유어	しかし　그러나
KTX（韓国高速鉄道）　KTX(케이티엑스)	ご両親　부모님	しかしながら　그렇지만
ケーキ　케이크	これ　이것、이거	4月　사월
ゲーム　게임	〜ごろ　쯤	時間　시간
化粧室　화장실	コンサート　콘서트	試験　시험
結婚する　결혼하다	こんなに　이렇게	〜時限目　교시
月曜日　월요일	こんにちは　안녕하세요?	仕事する　일하다
研究室　연구실	コンビニエンスストア　편의점	事実　사실
〜個　개		
五　오		

辞書　　사전	好きだ　　좋아하다	たくさん　　많이
七　　**칠**	すぐ　　곧	タクシー　　택시
7月　　칠월	捨てる　　버리다	出す　　내다
70　　**일흔**	スプーン　　숟가락	～たち　　들
自転車　　자전거	すべて　　다	立つ　　서다
死ぬ　　죽다	住む　　살다	タッカルビ　　닭갈비
締め切り　　마감	する　　하다	建物　　건물
閉める　　닫다	座る　　앉다	食べ物　　음식
社会　　사회	千　　**천**	食べる　　먹다
写真　　사진	洗顔する　　세수하다	誰　　누구
十　　**십、열**	先生　　선생님	単位 <大学の>　　학점
11月　　십일월	そうなのですか。　그래요.	単語　　단어
10月　　시월	ソウル　　서울	誕生日　　생일
ジュース　　주스	そこ　　거기	近く　　근처
12月　　십이월	そこで	地下鉄　　지하철
週末　　주말	거기서、거기에서	地球　　지구
授業　　수업	そして　　그리고	チゲ　　찌개
授業時間　　수업 시간	卒業　　졸업	地図　　지도
宿題　　숙제	その　　그	父　　아버지
出勤する　　출근하다	そのため　　그러니까	～中　　중
出発する　　출발하다	それ　　그것	注意　　주의
準備する　　준비하다	それでも　　그래도	中国語　　중국어
少女　　소녀	それほど　　별로	昼食　　점심
上手だ　　잘하다	そんなに　　그렇게	昼食を食べる
小説　　소설		점심을 먹다
食事　　식사	**【た】**	注文する　　시키다
食堂　　식당	～だ　　**이다**	蝶　　나비
書店　　서점	～た <過去>　　**았/었**	チョコレート　　초콜릿
書類　　서류	～たい　　**고 싶다**	ちょっと　　좀
知る　　알다	ダイエット　　다이어트	通話する　　통화하다
白い　　희다	大学　　대학교	作る　　만들다
シンク　　싱크대	大丈夫です。　　괜찮아요.	つける <電気などを>　　켜다
申請書　　신청서	高い　　높다 <高さ>、	伝える　　전하다
水曜日　　수요일	비싸다 <値段>	手　　손
スーパー　　슈퍼	だから	～で　　**에서** <場所>、
スープ　　국	그래서、그러니까	**로** <パ無・ㄹパ>/

으로 <パ有><手段・方法>
〜ていらっしゃる
　고 계시다
〜ている　　고 있다
出かける
　집에서 나가다
手紙　편지
〜てください
　세요 <母・ㄹ>/
　으세요 <子>、
　십시오/으십시오
〜でした
　았습니다 <陽>/
　었습니다 <陰><形>、
　였습니다 <パ無>/
　이었습니다 <パ有><名>
〜でした(か)
　았어요/었어요 <形>、
　였어요 <パ無>/
　이었어요 <パ有><名>
〜でしたか
　았습니까 <陽>/
　었습니까 <陰><形>、
　였습니까 <パ無>/
　이었습니까 <パ有><名>
〜でしょう　지요
〜です
　ㅂ니다 <母・ㄹ>/
　습니다 <子><形>、
　입니다 <名>
〜です(か)
　아요 <陽>/어요 <陰>
　<形>、예요 <パ無>/
　이에요 <パ有><名>
〜ですか
　ㅂ니까 <母・ㄹ>/

습니까 <子><形>、
입니까<名>
デパート　백화점
〜ではありません
　가 아닙니다 <パ無>/
　이 아닙니다 <パ有>
〜ではありません(か)
　가 아니에요 <パ無>/
　이 아니에요 <パ有>
〜ではありませんか
　가 아닙니까 <パ無>/
　이 아닙니까<パ有>
〜ではありませんでした
　가 아니었습니다 <パ無>/
　이 아니었습니다 <パ有>
〜ではありませんでした(か)
　가 아니었어요 <パ無>/
　이 아니었어요 <パ有>
〜ではありませんでしたか
　가 아니었습니까 <パ無>/
　이 아니었습니까 <パ有>
〜ではない
　가 아니다 <パ無>/
　이 아니다 <パ有>
でも　하지만、그런데
テレビ　텔레비전
電車　전철
電話する　전화하다
〜と　와 <パ無>/
　과 <パ有>、하고
ドア　문
トイレ　화장실
唐辛子　고추
到着する　도착하다
どうやって　어떻게

十　열
遠い　멀다
時　때
どこ　어디
ところで　그런데
歳　나이
図書館　도서관
トッポッキ　떡볶이
とても　아주
隣　옆
友達　친구
土曜日　토요일
トラック　트럭
ドラマ　드라마
鶏肉　닭고기
撮る　찍다
どんな　어떤

【な】
ない　없다
〜ない　지 않다、안
〜ないでください
　지 마세요、지 마십시오
〜ないです　지 않습니다
〜ないですか
　지 않습니까
何をする　뭐 하다
中　안
長い　길다
長い間　오래
泣く　울다
亡くなる　돌아가시다
なぜ　왜
夏休み　여름 방학
七つ　일곱
何　무엇、뭐

何も　　アムゴッド
<後ろに否定が来る>
何を　　뭘、무엇을
名前　　이름
波　　파도
習う　　배우다
並ぶ　　줄을 서다
なる　　되다
何〜　　몇
何日　　며칠
〜に　　에 <場所>、
　　에게 <人>、께 <尊敬>
二　　이
2月　　이월
肉　　고기
虹　　무지개
20〜　　스무
20　　스물
〜日　　일
日曜日　　일요일
〜になる
　　가 되다 <パ無>/
　　이 되다 <パ有>
〜には　　에는
日本　　일본
日本語　　일본어
日本人　　일본 사람
荷物　　짐
入学　　입학
人気　　인기
猫　　고양이
値段　　값
寝る　　자다
〜年生　　학년
飲み物　　음료수
飲む　　마시다

乗り換える　　갈아타다
乗る　　타다

【は】
〜は　　는 <パ無>/
　　은 <パ有>、
　　께서는 <尊敬>
パーティー　　파티
はい　　네、예
〜杯　　잔
入る
　　들어가다、들어오다
博物館　　박물관
はさみ　　가위
箸　　젓가락
始める　　시작하다
バス　　버스
バス停　　정류장
働く　　일하다
8月　　팔월
80　　**여든**
八　　**팔**
発音　　발음
パッチム　　받침
花　　꽃
話　　말
話す
　　말하다、이야기하다
母　　어머니
早く　　일찍
〜半　　반
パン　　빵
ハングル　　한글
ビール　　맥주
飛行機　　비행기
ピザ　　피자

久しぶりだ
　　오래간만이다
必要だ　　필요하다
人　　사람
一つ　　**하나**
日の出　　해돋이
ビビンバ　　비빔밥
百　　**백**
病院　　병원
描写　　묘사
昼　　낮
昼ご飯　　점심
広い　　넓다
ファン　　팬
服　　옷
復習　　복습
プサン(釜山)　　부산
二〜　　**두**
豚　　돼지
舞台　　무대
二つ　　**둘**
豚肉　　돼지고기
普通　　보통
ブドウ　　포도
船　　배
踏む　　밟다
プレゼント　　선물
触れる　　대다
風呂に入る　　목욕을 하다
〜分　　분
部屋　　방
ペン　　펜
勉強する　　공부하다
弁護士　　변호사
弁当　　도시락
帽子　　모자

僕　나	窓　창문	山　산
ホテル　호텔	万　**만**	夕方　저녁
ほとんど　거의	見える　보이다	夕ご飯　저녁
微笑み　미소	水　물	夕食を食べる
本　책	水遊び　물놀이	저녁을 먹다
本当　정말	店　가게	郵便局　우체국
ほんの少し前　방금	味噌　된장	よい　좋다
	三つ　**셋**	よく　자주
【ま】	皆　다	横　옆
～枚　장	未来　미래	予習　예습
毎日　매일	見る　보다	四つ　**넷**
前　앞	向かい　건너편	読む　읽다
～前　전	昔　옛날	夜　밤
～ました	難しい　어렵다	四～　네
았습니다 <陽>/	息子さん　아드님	40　**마흔**
었습니다 <陰>	娘さん　따님	
～ました(か)	六つ　**여섯**	**【ら】**
았어요 <陽>/	～名　명	ラーメン　라면
었어요 <陰>	メール　메일	来週　다음 주
～ましたか	召し上がる	ラジオ　라디오
았습니까 <陽>/	드시다、잡수시다	料理　요리
었습니까 <陰>	メニュー　메뉴	緑茶　녹차
～ましょう　죠	～も　**도**	旅行　여행
～ます	申し上げる　말씀드리다	旅行に行く　여행을 가다
ㅂ니다 <母・ㄹ>/	申し訳ない　죄송하다	リンゴ　사과
습니다 <子>	木曜日　목요일	冷麺　냉면
～ます(か)	もしかして　혹시	レストラン　레스토랑
아요 <陽>/**어요** <陰>	もしもし　여보세요	レポート　리포트
～ますか		練習する　연습하다
ㅂ니까 <母・ㄹ>/	**【や】**	連続ドラマ　연속극
습니까 <子>	約束　약속	連絡(する)　연락(하다)
～ません　**지 않습니다**	野菜　야채	六　**육**
～ませんか　**지 않습니까**	安い　싸다	6月　유월
まだ　아직	休み <学校の>　방학	60　**예순**
待つ　기다리다	休む　쉬다	
～まで　**까지**	八つ　**여덟**	**【わ】**

若い　　젊다
わかりました
　　　알겠습니다
忘れる　　잊다
わたくし　　저
わたくしたち　　저희
私　　저 <謙讓>、
　　　제 <가の前で> ; 나
私たち(の)　　우리
私の　　제 <謙讓> ; 내
笑う　　웃다
割引クーポン　　할인 쿠폰
〜を　　를 <パ無>/
　　　을 <パ有>

著者紹介

永原　歩 (ながはら・あゆみ)

1973 年	北海道に生まれる。
1997 年	津田塾大学学芸学部英文学科卒業
2006 年	東京大学大学院総合文化研究科言語情報科学専攻博士課程単位取得退学
2009 年	東京大学大学院にて博士（学術）取得
	東海大学、神奈川大学、東洋英和女学院非常勤講師、神奈川大学特任助教、東京大学特任講師を経て
現在	東京女子大学准教授
専攻	韓国語学、韓国語教育
主な著訳書	『韓国語と日本語』（共著）朝倉書店
	『使いこなすための韓国語文法』（共著）朝日出版社

生越　直樹（おごし・なおき）

1955 年	島根県に生まれる。
1977 年	大阪外国語大学朝鮮語学科卒業
1982 年	大阪大学大学院文学研究科日本学専攻博士課程中退
	横浜国立大学教育学部講師、助教授、国立国語研究所
	日本語教育センター室長、東京大学大学院総合文化研究
	科助教授、教授を経て
現在	放送大学客員教授、東京大学名誉教授
専攻	韓国朝鮮語学
主な著訳書	『NHKラジオ　안녕하십니까ハングル講座テキスト（入
	門編部分)』1996 年 4 月号 - 9 月号、1999 年 4 月号 - 9 月号
	（日本放送出版協会）
	『ことばの架け橋』（共著）（白帝社）
	『対照言語学』（編著）（東京大学出版会）
	『在日コリアンの言語相』（共著）（和泉書院）
	『根と幹』『花と実』（共著）（朝日出版社）

放送大学教材　1480030-1-2011（テレビ）

韓国語Ⅰ　（'20）

発　行　　2020 年 3 月 20 日　第 1 刷
　　　　　　2023 年 1 月 20 日　第 3 刷
著　者　　永原　歩・生越直樹
発行所　　一般財団法人　放送大学教育振興会
　　　　　　〒 105-0001　東京都港区虎ノ門 1-14-1　郵政福祉琴平ビル
　　　　　　電話 03（3502）2750

市販用は放送大学教材と同じ内容です。定価はカバーに表示してあります。
落丁本・乱丁本はお取り替えいたします。

Printed in Japan　ISBN978-4-595-32224-2　C1387

『韓国語 I ('20)』添付 CD について

添付 CD には以下の項目が収録されています。

●第 1 〜 3 課　　・母音，子音の発音
　　　　　　　　・練習問題（単語の発音練習）
　　　　　　　　・まとめの練習
　　　　　　　　・あいさつ
●第 4 〜 14 課　・復習問題解答
　　　　　　　　・漢語系数詞（第 5 課）
　　　　　　　　・固有語系数詞（第 7 課）
　　　　　　　　・練習問題解答
　　　　　　　　・会話本文
　　　　　　　　・会話で注意する発音
　　　　　　　　・発音規則の例
　　　　　　　　・単語の整理
　　　　　　　　・まとめの練習解答 1 〜 3
●第 15 課　　　・復習問題解答
　　　　　　　　・総合問題 問題文

韓国語 I ('20)　添付 CD トラック一覧			
あいさつ	1	第 8 課	45-51
第 1 課	2-4	第 9 課	52-57
第 2 課	5-11	第 10 課	58-63
第 3 課	12-16	第 11 課	64-69
第 4 課	17-24	第 12 課	70-75
第 5 課	25-30	第 13 課	76-80
第 6 課	31-37	第 14 課	81-86
第 7 課	38-44	第 15 課	87-96

「韓国語Ⅰ('20)」添付CD

CDの利用について
・このCDはCDプレーヤー・パソコンでご利用ください。
・このCDを，権利者の許諾なく，個人的な範囲を超える
 使用目的で複製すること，ネットワーク等を通じてこの
 CDに収載された音を送信できる状態にすることを禁じ
 ます。

• 本CDはCDテキスト表示に対応しています。テキス
 トを表示するには，Windows PC，Macとも‘iTunes’
 のインストールが必要です。‘iTunes’のダウンロードは
 http://www.apple.com/jp/itunes/ から行ってください。

発　　　行　　一般財団法人　放送大学教育振興会
企画・制作　　放送大学学園
協　　　力　　NHKエデュケーショナル
出　　　演　　池玟京（ジ・ミンギョン）
　　　　　　　尹聖樂（ユン・ソンラク）

このCDは，放送大学学園の放送教材の内容をもとに編集・
作成されました。